Samadeva - Das Geheimnis der Derwische
Aus dem Französischen übersetzt
Originaltitel:
Samadeva
erschienen im Verlag:
Althe SA

© der deutschsprachigen Ausgabe 2000 by
Farren Bel Verlag, 66117 Saarbrücken
Herstellung: Ralph Nerbe
Druck: Sagim (Courtry - France)
Alle Rechte der deutschen Ausgabe vorbehalten

ISBN: 3-935312-00-8
2te Auflage 2003

Ennea Tess Griffith - Idris Lahore
Emma Thyloch

SAMADEVA
Euphonische Gestik

Das Geheimnis der Derwische

Die 7 Arkana
der ewigen Jugend

7 Übungen, um sich in 10 Minuten täglich
zu verjüngen und in Form zu bringen
sowie eine besondere Übung zur Sexualität

Die Ursprünge von Yoga, Tai-Chi, Eurythmie,
Entspannung und sanfter Gymnastik
in einer Methode vereint

VORWORT

Ennea Tess Griffith
Gründerin und Leiterin des SAMADEVA Instituts

Aufgrund des Impulses von *Idris Lahore* gründete ich das SAMADEVA Institut. Mein Ziel ist es, ein Wissen und eine Praxis anzubieten, die zu einem körperlichen Wohlbefinden und zur inneren Selbstverwirklichung führen.

Um dies zu erreichen, ließ ich sowohl die praktischen Kenntnisse des Orients (Zen, Yoga, Gi-Gong...) einfließen als auch modernere Entwicklungen der letzten Jahrzehnte (Stretching, Entspannung, Eurythmie, autogenes Training zur Steigerung der Widerstandskraft...). So findet die Weisheit der Meister des Orients und die wissenschaftliche Forschung des Okzidents in den Werken des Instituts ihren harmonischen Einklang. Und eine der dadurch entstandenen Blüten ist diese Methode für Geist, Seele und Körper: SAMADEVA. Dank der wertvollen Hilfe meiner Mitarbeiter, insbesondere *Emma Thyloch*, perfektioniere ich SAMADEVA ständig weiter. Durch meine guten Kontakte zu Medizinern, Therapeuten, Yoga-Lehrern und Spezialisten im Bereich der heiligen Tänze, wie beispielsweise die „wirbelnden Derwische", findet eine fortwährende Bereicherung der Methode statt.

Idris Lahore, ein bemerkenswerter Mensch, hat schon die ganze Welt bereist, von China bis zum spanischen Andalusien, vorbei an Tibet und Indien, den arabischen Emiraten, dem ehemaligen Persien, Palästina und Ägypten. Durch den Kontakt mit seinen zahlreichen Freunden unter den Sufis und den „umherziehenden Derwischen" unter den Derwischen konnte er ihr Wissen und ihr Können besonders im medizinischen Bereich, in dem er auch selbst jahrelang praktizierte, sammeln. Es gelang ihm, die wirksamsten Methoden der alten Meister der Weisheit, deren Erbe er von den Sufis erhielt, an die Medizin des Abendlandes anzupassen. Diese weisen Gelehrten unterrichteten in den großen islamischen Universitäten des Mittelalters, die nach deren Untergang durch abendländische Fakultäten ersetzt wurden, mit all ihrer experimentellen und tiefgehenden Forschung.

Idris Lahore, mein Freund und Meister, unterrichtete mich in vielen der Medizin verwandten Bereichen, die der Kunst des Heilens angehören. Seine Kenntnis der traditionellen Medizin übermittelt er seinen Freunden im medizinischen Bereich, und zu dieser Heilkunst gehören: die Kunst der Musik, der Worte und des Gesangs, die Kunst der Gesten, der Bewegung und des Tanzes, die Kunst der Nahrung, der Essenzen und Düfte.

So sind die verschiedenen traditionellen Bestandteile des SAMADEVA den Lehren der ältesten Weisheitsschulen des Orients entsprungen, die auch den Ursprung der meisten existierenden Philosophien darstellen, von der Antike bis zur heutigen Zeit. Über diese verschiedenen philosophischen Schulen (Yogis, Sufis, Taoisten, Zen...) hinaus ermöglicht SAMADEVA, zu dieser Ursprungsquelle zurückzukehren, aus der ich die interessantesten Methoden geschöpft habe.

Ihre wissenschaftlich anerkannte Wirksamkeit entsteht durch ein tiefgehendes Wissen, das durch ein System verschiedener vorbeugender und heilender Anwendungen zu einem längeren Leben in besserer Gesundheit führt.

Während der regelmäßig gehaltenen Kurse und der ein- und mehrtägigen Seminare, die sowohl Theorie als auch Praxis beinhalten, kann jeder die Harmonie erleben, die das SAMADEVA zusätzlich zu ihrer Vielfältigkeit auszeichnet.

Praxis und Philosophie: SAMADEVA ist eine wahre „Kunst des Lebens".

Ich wünsche Ihnen von Herzen, dass Ihnen SAMADEVA die Ruhe und die Lebensfreude bringt und Sie zur Erfüllung Ihrer höchsten und erhabensten Wünsche führt.

Alles Liebe wünscht Ihnen

Ennea Tess Griffith

Die Übungen des SAMADEVA ersetzen nicht den Besuch beim Arzt. Ein guter Therapeut ist immer eine wertvolle Hilfe.

EINLEITUNG

Die sieben Grundübungen (Arkana) des SAMADEVA sind einfach und trotzdem außerordentlich belebend. Sie sind für jeden im Alter von 7 bis 77 Jahren gedacht. Früher wurden sie nur im Rahmen der Bruderschaft der Derwische gelehrt und „Übungen der Verjüngung" genannt: Sie stärken den Körper, indem sie ihm eine neue Energie geben und ihn gleichzeitig entspannen; sie bringen die Psyche wieder ins Gleichgewicht und regenerieren den Geist, die Übungen beleben diesen und verlangsamen zugleich den Alterungsprozess.

Durch die Anwendung des SAMADEVA werden Sie die notwendige Energie erhalten, um mit heiterer Gelassenheit ein erfülltes Leben zu führen. Auch Ihre Mitmenschen werden davon profitieren: Ihr Lebensgefährte, Ihre Eltern und Ihre Kinder, Freunde und Mitarbeiter. Körperlich werden Sie in Form sein und innerlich ruhig; Ihre intellektuellen Möglichkeiten werden sich durch die Ausübung des SAMADEVA erweitern. All Ihre Fähigkeiten werden angeregt und miteinander in Einklang gebracht. SAMADEVA vereint zugleich Yoga, Tai-Chi, Entspannung, Eurythmie und sanfte Gymnastik in einer einzigen Methode und mobilisiert dadurch alle physischen, emotionalen und mentalen Energiequellen. Aus diesem Grund ermöglicht diese Methode eine bessere Anpassung an alle Situationen des täglichen Lebens.

— Das Enneagramm —

Schöpfungssymbol der Sufis

Enneagramm

Das Enneagramm ist eine geometrische Figur, die sich aus einem Dreieck, einem Sechseck und einem Kreis zusammensetzt. Seine Herkunft ist geheimnisumwoben, manche sehen seinen Ursprung in der griechischen Philosophie des Pythagoras, andere vermuten seine Herkunft 3000 Jahre vor unserer Zeitrechnung, in der Weisheitsschule der Sarmanen im alten Mesopotamien.

In neuerer Zeit benutzen die Sufis mancher Derwisch-Bruderschaften das Enneagramm als Symbol des Absoluten, welches es ermöglichen soll, alle Probleme des Menschen und des Universums zu verstehen und zu lösen.

Samadeva

Dieses Wort wird von hinduistischen Derwischen benutzt: Für manche bedeutet es „der göttliche Tanz", für andere „dem Göttlichen lauschen". Von anderen wiederum wird erzählt, dass man durch intensives Üben des Samadeva in eine Ekstase gelangt, in der die Füße den Boden nicht mehr berühren und man fähig wird, die himmlische Sphärenmusik zu hören.

Arkana

Ein Wort der Derwische, das Übung oder Umwandlungsprozess bedeutet. Im Lateinischen bedeutet Arkanum „Geheimnis", bei den Alchimisten „geheimnisvolle Verwandlung".

Die 7 Hauptarkana des Samadeva
Elixier für ein langes Leben

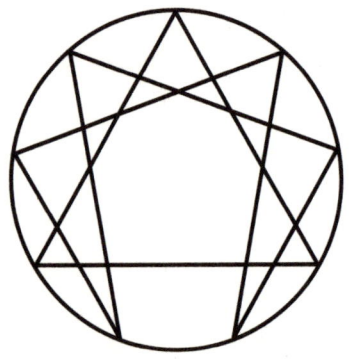

Jeder Mann und jede Frau wünschen sich Gesundheit und ein langes Leben – vor allem aber ein langes Leben bei guter Gesundheit! Tatsächlich möchte niemand „alt sein". Es stellt sich also die Frage: Wie bleibt man jung? Ist das Geheimnis der ewigen Jugend, das Geheimnis der Unsterblichkeit der Alchimisten und anderer Taoisten eine Realität oder eine Legende?

SAMADEVA lehrt Techniken, um in guter Gesundheit zu leben und ohne „alt zu werden" zu altern, um körperlich, geistig und seelisch jung zu bleiben.

In den alten Weisheitsschulen haben die Meister Techniken und Praktiken für die körperliche, emotionale, intellektuelle und geistige Gesundheit unterrichtet. Samadeva ist die Angleichung der wirksamsten Übungen an die Männer und Frauen der heutigen Zeit, insbesondere gilt dies für die sieben Hauptarkana. Sie gründen sich auf die Weitergabe des Wissens im Rahmen der Sarmanenschulen, einer spirituellen Bruderschaft von Derwischen im mittleren Orient.

DIE URSPRÜNGE
DES SAMADEVA

Die Suche nach der Unsterblichkeit: Ist das nicht ein alter Traum der Menschheit? Die Philosophen haben dies zum Bestandteil ihrer Überlegungen gemacht; die Religionen versprechen die Unsterblichkeit nach dem Tod; die Taoisten machen Übungen zur Langlebigkeit; die Alchimisten bereiten ein Elixier für ein langes Leben; die Wissenschaftler leugnen es zwar, frieren aber heutzutage Körper ein, um sie eines Tages wieder zum Leben zu erwecken.

Wo liegt die Wahrheit?

Was gehört zur Wirklichkeit und was zur Legende?
(Mit freundlicher Genehmigung der Autoren)

Ich werde Ihnen berichten, wie die Suche nach der Unsterblichkeit mich eines Tages nach Kafiristan geführt hat, wo ich *Pir Kejttep Ançari* begegnet bin. Er war der spirituelle Meister, der Scheich einer Bruderschaft von Derwischen, von denen man sagt, sie seien die Nachfahren der Weisen des Morgenlandes. Drei von ihnen folgten dem Stern bis zur Krippe nach Bethlehem.

Mediziner, Priester, Heiler und Magier benutzten zum Heilen die Trance, die Hypnose, Pflanzen und Gifte, körperliche Übungen und Atemtechniken... Einige von ihnen leben heute noch: Ihre streng behüteten Geheimnisse werden in ihrer Bruderschaft weitergegeben, vom Meister zum Schüler, von Seele zu Seele. Ihr Wissen und ihre Praktiken sind die Überreste einer Medizin, die im Mittelalter ihre Blütezeit in den großen arabischen Universitäten erlebte, vom Mittleren Orient bis zum Westen, von Gondichapur bis nach Toledo... Diese Derwische nennt man Sarmanen; man sagt, sie seien die Meister der Zeit und würden die Geheimnisse der Unsterblichkeit kennen. Während meines Aufenthaltes bei *Pir Kejttep Ançari* lehrte er mich unter anderem die Heilmethoden der Derwische. Ich war der erste und werde auch der einzige abendländische Mensch sein, der diese Einweihung durch ihn bekam. Er übertrug mir die *Baraka*, die Kraft der Meister, damit ich sie an das Abendland weitergebe. Als er das erste Mal mit mir darüber sprach, kamen mir die Worte eines anderen großen Weisen in Erinnerung, der dem tibetischen Buddhismus angehörte, *Padmasambhava*: „Wenn die Vögel aus Metall fliegen werden, wird das Dharma in das Abendland kommen." Diese Prophezeiung ist heute dabei sich zu verwirklichen.

Nachdem ich in dem Kloster empfangen wurde, in das sich der alte Meister zurückgezogen hatte, um im Kreise seiner sorgfältig ausgewählten Schüler zu unterrichten, begann ich meine Ausbildung. Das Kloster lag abgeschieden vom Rest der Welt, und ich wurde dort in eine der größten esoterischen Lehren eingeweiht. In anderen Büchern gebe ich einige der Techniken der Derwische weiter, die mein Meister mir beigebracht hatte. Er gab mir die Erlaubnis über sie zu sprechen und sie zu offenbaren.

Meine Schulung betraf sowohl den Geist als auch das Herz und den Körper. Eine extrem harte Ausbildung sollte die Schüler zu einer vollkommenen Beherrschung ihrer verschiedenen Zentren führen: des intellektuellen, emotionalen und des physischen Zentrums. Diese Übungen führen zu einer Beherrschung der Gedanken und zu einer Reinigung der Gefühle und Emotionen, wie sie beispielsweise in den verschiedenen Arten des Yoga dargestellt werden, und zu einer bewussten Nutzung der Funktionen der physischen Zentren: der sexuellen Energie für das sexuelle Zentrum; außerdem gibt es Übungen für die Atmung, den Blutkreislauf, die Nahrungsaufnahme und Verdauung, die Hormondrüsen, also für das instinktive Zentrum, sowie Übungen der physischen Bewegungen und äußeren Haltungen - des Bewegungszentrums. Das Ziel dieser okkulten Ausbildung war es, den „gewöhnlichen" Menschen gemäß einer alten Tradition in einen „perfekten Menschen" umzuwandeln.

Dem theoretischen und praktischen Studium folgten Prüfungen, heutzutage würde man dies Abschlussprüfungen oder Tests nennen, die den aktuellen Wissensstand eines Schülers zeigten. Nach der Tradition braucht man 33 Jahre (vier mal acht, plus ein Jahr), um zu dieser vollkommenen Beherrschung der „Kunst der Unsterblichkeit" des Körpers und der Seele zu gelangen. Die *Hakims* - so nannte man diese Mediziner des Körpers und der Seele - erinnerten mich sofort an die Bruderschaft der Heiler zur Zeit von *Jesus von Nazareth*, die *Essener*.

In der Nacht von Donnerstag auf Freitag empfing das Kloster mehrere Dutzend Kranke, einige kamen sogar aus sehr entfernten Ländern: Während meiner Aufenthalte sah ich neben Bauern aus Kafiristan indische Prinzen, chinesische oder russische Politiker, Imams und iranische Würdenträger, einen saudischen Ölmagnat usw. Alle hatten Krankheiten, von denen man sagte, sie seien unheilbar.

Der „Pir Hakim" - Pir bedeutet alt, denn zu dieser Zeit setzte man im Orient das Alter noch mit Weisheit gleich - war der Meister, dessen Schüler ich geworden war, und umringt von neun anderen Therapeuten empfing er die Kranken zunächst in einem großen weißen Saal, der von Öllampen beleuchtet wurde, die ein sanftes und beruhigendes Licht ausstrahlten. Auf dem Boden war dieses besondere Symbol gemalt, das die Eingeweihten „das Zeichen Gottes auf Erden" nennen, das *Enneagramm*. An jedem seiner Winkel stand einer der neun *Hakims*. Der Meister saß in der Mitte des inneren Dreiecks auf einem weißen Lammfell. Jeder Kranke wurde, von einem Assistenten geführt, zunächst zu ihm gebracht. Nachdem sie den Meister mit größtem Respekt begrüßt und ihre Gabe vor ihm niedergelegt hatten, setzten sich die Patienten auf ihren Fersen vor ihm hin, er nahm dann ihre Hände in die seinen und hauchte ihnen auf die Stirn gemäß eines jahrtausendealten Rituals, genannt „Tcheff-Hu-Hakim" (der Hauch des Mediziners Gottes). Dann flüsterte er ihnen einige Worte ins Ohr, Worte, die sie heilen sollten. Danach wurde dem Patienten aufgeholfen und man führte ihn zu einem der neun Hakims, der vom Meister bestimmt wurde. Der *Hakim* wiederholte dann dieselben Gesten wie der Meister und begann die Worte der Heilung mit dem Kranken zu singen, solange bis er sicher war, dass dieser sie gut im Gedächtnis behalten hatte. Ihm wurden ebenfalls eine Bewegung oder eine Geste gezeigt, die er zu Hause regelmäßig ausüben sollte. Diese Übungen wurden *Arkana* genannt. Dann führte man ihn zu einer Stelle an der kreisförmigen Mauer, an der er die Worte, die er bekommen hatte, weiterhin leise sang. Bettlägerige Patienten wurden von den Assistenten zum Meister getragen und später an derselben Mauer niedergelegt. So erfüllte sich der Saal nach und nach mit dem Gemurmel der verschiedenen Gesänge, die jedoch niemals zu einem Missklang führten, wie man es hätte befürchten können; im Gegenteil, je weiter die Nacht voranschritt, desto stärker bekam ich das Gefühl von der Anwesenheit einer immensen und zugleich auch heiteren Kraft. Es war, als würde gleichzeitig alles viel reiner, viel ruhiger und kraftvoller werden: die Luft, das Licht, der Gesang und sogar die Zeit, die vorüberging!

Viele Patienten schliefen nach einiger Zeit ein, die *Hakims* jedoch, nachdem alle Kranken ihren Platz an der Mauer eingenommen hatten, sangen und rezitierten die heiligen Verse bis zum Morgengrauen. Dann wurden die Kranken, die mittlerweile alle eingeschlafen waren, von den *Hakims* geweckt. Sie berührten ihre Schultern und flüsterten ihnen einige Worte ins Ohr. Es schien, als erwachten die meisten von ihnen aus ihrem tiefsten Schlaf, und jedes Mal hatte ich den Eindruck, dass die Zeit zurückgedreht wurde und ich mich in einem der Schlaf- und Heilungstempel der griechischen Antike befinden würde.

Alle Patienten waren ruhig und es schien vollkommen normal zu sein, dass sogar die Bettlägerigen unter ihnen aufstanden, obwohl dies etwas ganz Wunderbares darstellte! Eine heitere Freude und eine tiefe Dankbarkeit erhellte deren Gesichter. Nicht alle waren weder ganz geheilt, noch für immer, aber es schien, als seien sie in der Nacht alle von einem Engel besucht worden: ein Engel, der ihnen die Lebensfreude und die Hoffnung wieder geschenkt hatte, und vielleicht war es für die noch nicht Geheilten der Beginn eines Heilungsprozesses, der noch mehrere Tage oder Monate andauern würde. So wenigstens erklärte es mir mein Meister.

Danach wurden die Kranken von den Assistenten in einen anderen Raum geführt, in dem man ihnen eine Mahlzeit servierte; anschließend begleitete man sie zu den Türen des Klosters, nicht ohne die übliche Warnung: nie und unter keinen Umständen über die Methoden der *Hakim* zu sprechen, denn sonst würde ihre Krankheit zurückkehren und sie wäre niemals mehr heilbar. Man erklärte ihnen auch, dass diese Heilungskräfte - die Baraka - die ihnen übertragen wurde, noch mehrere Tage weiterwirken werde und dass sie dadurch sowohl mit dem lebenden Meister *Pir Kejttep Ançari* verbunden seien als auch mit seinem Meister und dem Meister seines Meisters und damit mit der Kette aller Meister (Silsila) bis zurück an den Anfang der Zeit, zu *Adam*, und sie durch *Adam* eine Verbindung zu Gott selbst hätten.

Trotz dieser Hinweise wurde den Kranken keine Religion nahegelegt; man verlangte noch nicht einmal von ihnen, gläubig zu sein; dies steht im Gegensatz zu den zahlreichen religiösen oder geistigen Heilungstechniken, die als Preis für die Gesundheit verlangen, dass man sich zu dem entsprechenden Glauben bekennt: Hier gab es solche Propaganda nicht.

Mein Meister sagte kurz vor meiner Abreise vom Kloster zu mir: „Schreibe diese Gesänge und Worte, die ich den Kranken ins Ohr flüstere und die sie anschließend selbst singen, im Laufe der Zeit auf und übersetze sie. Du wirst sie von einem deiner Schüler singen lassen und ihm die Bedeutung der Verse* erklären. Wie du es von mir gelernt hast, wirst du die Auswirkungen des Vorlesens, des Rezitierens und des Gesanges auf den Körper, das Herz und den Geist beobachten; vor allem wirst du dessen Auswirkungen auf die spirituelle Seele und die

---

* erschienen unter dem Titel: „die heilenden Verse" beim Farren Bel Verlag

spirituelle Essenz der Menschen beobachten können. Du wirst verstehen, dass jeder dieser Verse ein Medikament darstellt. Mache dasselbe mit den Arkana. Für gewisse Krankheiten werden diese Übungen wirksamer sein als medizinische Pflanzen und mineralische Heilmittel, wirksamer sogar als die meisten der von den Menschen erfundenen Medikamente. Sei gewiss, dass diejenigen, die diese Arkana üben und diese Worte singen oder aufsagen, vor allem aber jene, die diese Worte verstehen und lieben, einen großen Schritt in Richtung der Unsterblichkeit tun werden... Sie sind das Lebenselixier der ewigen Jugend."

Das Kloster der Unsterblichkeit, von dem man sagt, es existiere seit Anbeginn der Zeit, ist umwoben von vielen mystischen Legenden.

Es wird beispielsweise erzählt, dass es nur von Menschen gefunden werden kann, deren Herz rein und deren Absicht gut ist. Für alle anderen bleibt es sogar mit Hilfe einer Landkarte unauffindbar. Auch wird erzählt, dass dieses Kloster innerhalb von neun Jahren zweimal mit all seinen Bewohnern verschwindet, und das für zwei Jahre, um dann wie aus dem Nichts, wie aus einer anderen Welt, wieder aufzutauchen.

Ohne die Geheimnisse zu verraten, die mir enthüllt wurden und die von mir nur an Menschen offenbart werden können, die einem Einweihungsweg folgen, ist es mir doch erlaubt, von meinem ersten Aufenthalt im Kloster der Unsterblichkeit zu erzählen.

Es war mein erster Besuch bei diesem Mann, von dem gesagt wurde, dass er ein lebender Meister der Weisheit ist.

Über all die Hindernisse, die ich überwinden musste, um zum Fuße des Berges zu gelangen, wo sich das Kloster befand, werde ich nichts berichten. Vor dem Portal angekommen läute ich an der Glocke. Nach wenigen Minuten öffnet ein junger

Mann die Tür, er ist Anfang 30 und selten habe ich so einen schönen Menschen gesehen: Ich hätte nicht sagen können, ob es ein Diener oder ein Prinz ist. Nachdem ich mich vorgestellt hatte, führt er mich durch mehrere Gänge zu meinem Zimmer, dort konnte ich mich erfrischen und etwas ausruhen. Einige Früchte, frischer Tee und eine Tasse befinden sich auf dem Tisch. Kaum eine Stunde später kommt derselbe Mann wieder zurück, um mich durch die Räumlichkeiten zu führen. Ein mittelalterlicher Stil: Mauern aus gemeißelten Steinen, Holzvertäfelungen und orientalische Teppiche. Jedes dieser Zimmer strahlt eine mystische, aber warme und gemütliche Atmosphäre aus. Während der Besichtigung treffen wir verschiedene Personen, keine wird mir vorgestellt, aber jede begrüßt uns mit einem Lächeln. Dabei habe ich jedes Mal denselben distanzierten, aber freundlichen und warmherzigen Eindruck wie von meinem Begleiter. Er führt mich in einen anderen Flügel des Gebäudes, in dem es keine privaten Zimmer und Wohnungen mehr gibt. Er erklärt mir, dass wir jetzt die Studien- und Arbeitsräume betreten werden. Als erstes sehen wir den Empfangssaal für die Kranken, den ich bereits beschrieben hatte: Er ist leer. Nachdem wir schwere Türen geöffnet haben, höre ich vom Ende des Ganges Musik und Gesang, Nein, es sind vielmehr gesprochene Worte, und je näher wir dem nächsten Saal kommen, desto lauter wird diese Musik. Ein weiterer großer Saal: Ein Dutzend Musiker sitzen im Kreis und spielen Melodien, die ich in keine mir bekannte Kategorie einordnen kann: weder orientalisch noch europäisch. Der Eindruck ist aber so stark, dass mir die erste Melodie, die ich an diesem Tag gehört habe, noch heute in Erinnerung ist. Wir durchqueren den Saal, ohne dass die Musiker auch nur die geringste Notiz von uns nehmen.

In den weiteren Räumen werden von ungefähr einem Dutzend Menschen besondere Bewegungen und Tänze geübt, die ich noch niemals zuvor gesehen hatte. Später unterrichteten mich meine Lehrer in diesen Bewegungen, die in Wirklichkeit eine therapeutische Gymnastik darstellten, sowie in den heiligen Tänzen und in einer Vielzahl von Musikarten. Diese körperlichen Übungen sind die Arkana des *Samadeva.*

In anderen Räumen befinden sich Kalligraphen, Maler und Bildhauer: Alle arbeiten in einer Atmosphäre völliger Ruhe. Wir gingen noch durch zwei Räume, die Chemielaboratorien ähnelten und mich an die Alchimisten des Mittelalters erinnerten. Ich sah Phiolen, Reagenzgläser und viele Behälter, die, so schien es mir, Pflanzen und alle möglichen Sorten von Flüssigkeit enthielten. Hier sollte ich später noch in die Kunst der heilenden Düfte eingeweiht werden. Diese benutzt gewisse Pflanzenessenzen und Weihraucharten zur Heilung des Menschen.

Zum Schluss kommen wir an eine große Tür, die zu einem Garten führt und in deren Mitte sich ein Springbrunnen befindet. Mein Führer, dessen Name mir immer noch nicht bekannt ist, sagt: „Der Meister wird Sie zu Beginn des Abends empfangen. Bis dahin können Sie sich frei im Haus bewegen, sich erholen oder an den verschiedenen Aktivitäten in den Arbeitsräumen teilnehmen. Wenn Sie mich brauchen, rufen Sie mich." Und mit einem rätselhaften Lächeln ließ er mich vor dem Brunnen alleine.

Das Rauschen des Wassers erinnert mich an die Worte von Zarathustra: „Und meine Seele ist auch eine sprudelnde Quelle." Ja, ich bin erst seit einigen Stunden da, und meine Seele ist bereits erfüllt von Eindrücken, einer reicher als der andere... Sind es die Tätigkeiten, die ich teilweise wahrgenommen habe, oder die ganz besondere Atmosphäre des Klosters? Alles hier erscheint gleichzeitig so einfach und doch vom Heiligen geprägt... Es ist für mich ein zugleich neues als auch vertrautes Gefühl – als ob ich diesen Ort, diese Menschen und was sie tun bereits kennen würde – als ob eine alte Erinnerung in meinem Gedächtnis erweckt würde: Dennoch bin ich zum ersten Mal in meinem Leben hier – oder sollte ich nicht besser sagen: in diesem Leben?

Mein Begleiter holt mich ab, um mich aus den Klostermauern hinauszuführen und mich über einen kleinen, etwa 30 Meter langen Weg zu einem Haus zu bringen, das etwas verfallen ist: Eines der Zimmer ist jedoch bewohnbar, und dort lebt der Meister.

Wir gehen um eine noch erhaltene Mauer herum und in einiger Entfernung sehe ich die Umrisse eines Menschen, der in Weiß gekleidet ist. Es ist *Pir Kejttep Ançari*.

Wir nähern uns ihm, es scheint mir, dass ich mit meinem Führer an meiner Seite zu ihm hingehe, er jedoch hatte sich in Wirklichkeit schon stillschweigend und von mir unbemerkt zurückgezogen und auf einmal stand ich alleine dem Meister gegenüber. Ein Turban bedeckt seine weißen Haare. Das Lächeln auf seinen Lippen, inmitten seines langen Bartes, lässt mich einen dieser Männer wiedererkennen, deren ganzes Wesen Schönheit und Liebe ausstrahlt. Trotz seines hohen Alters – er soll über 144 Jahre alt sein – ist seine Stirn glatt und seine Augen sind, trotz der dunklen Farbe der Iris, sehr klar, sie scheinen wie die eines Adlers zu sein, der die Wahrheit im Innersten jedes Wesens sieht. Dieser Blick, in dem sich Verständnis und Intelligenz widerspiegeln, begleitet von einem einladenden Lächeln, beruhigt mich vollständig. Ein Mensch wie er, weiß, was er tut... und er lädt mich in sein Haus ein! Mit seinen ersten

Worten bietet er mir an, ihn bei seinem Spaziergang im Wald zu begleiten. Das Kloster liegt unterhalb des Waldes, und wir haben kaum 300 Meter zurückgelegt, als ein Tiger vor uns auf dem Weg erscheint. Große Angst steigt in mir auf. Der Meister packt mich fest an der Hand: Sofort durchdringt mich eine große Ruhe. Der Tiger nähert sich uns bis auf wenige Meter ganz ruhig, um dann genauso ruhig wieder im Unterholz zu verschwinden. Pir Kejttep Ançari sagt dann zu mir: „Er und ich sind vollkommen ohne Angst, deswegen kann jeder von uns ruhig im Wald spazieren gehen." Erst viel später sollte ich dieses Ereignis, von dem ich lange Zeit nicht wusste, ob es ein Traum oder eine Realität war, verstehen.

Unsere Unterhaltung dauert eine Stunde, und ich verlasse ihn mit der Gewissheit, nicht nur einem bemerkenswerten Menschen begegnet zu sein, sondern auch einem Menschen, der in seinem täglichen Leben die höchsten spirituellen Kenntnisse verkörpert. Ein Mensch, der aus der Quelle des Wissens und des Seins, der Weisheit und des Lebens schöpft.

Über Pir Kejttep Ançari wird aber eine noch außergewöhnlichere Begebenheit erzählt. Man sagt, er sei *Kidhr*, jener, den die Mystiker aller Religionen als den ewigen Menschen darstellen. Er gilt als der *Prophet Elias*, der am Ursprung aller spirituellen Richtungen steht. Er soll *Mohammed* und *Moses* eingeweiht haben, lange bevor *Moses* den Berg Sinaï bestieg. Er wird als der verborgene Meister angesehen, der sich in jeweils neuer Form den spirituellen Suchern im Laufe ihres Einweihungsweges offenbart. Manche sagen, er sei immer auf Erden verkörpert und jeder Suchende begegne ihm mindestens einmal im Laufe seines Lebens.

Die Nomaden der Wüste erzählen seine wundervolle Geschichte. Für sie ist er nicht nur der Schutzheilige der

Reisenden, der Diebe und Kaufleute, vor allem aber verkörpert er die göttliche Vorsehung. Wer ihm begegnet, darf ihm niemals eine Frage stellen. Er muss sich seinen Ratschlägen unterwerfen, so verrückt sie ihm auch erscheinen mögen, denn Kidhr zeigt immer den Weg der Wahrheit, der Gesundheit und des Glücks an, und dies manchmal unter den absurdesten Erscheinungen; sobald er seinen Dienst erwiesen hat, verschwindet er.

Einige sagen, er sei der leibliche Sohn Adams, und er habe den Leichnam seines Vaters vor der Sintflut gerettet. Er sei in einer Höhle geboren. Manchmal wird er mit dem *Heiligen Georg* und dem *Erzengel Michael* verwechselt, mit den Drachen-bezwingern. Er sei ebenfalls der *Hermes Trismegistos* der Alchimisten. Man sagt, er habe die Quelle des Lebens erreicht, daraus getrunken und darin gebadet und sei auf diese Weise unsterblich geworden. Er ist jener, der das Geheimnis der ewigen Jugend kennt.

Legende oder Wirklichkeit?

Dies ist alles, was mir erlaubt wurde, öffentlich zu erzählen. Ich wünsche dem Leser nun, dass er Hoffnung, Gesundheit und Harmonie dank dessen finden möge, was mir gegeben wurde und was mir erlaubt wurde, weiter zu geben...

Die Gesundheit

Wahre Gesundheit bedeutet, dass sich die physischen Organe und Funktionen und die emotionalen und intellektuellen Funktionen im Gleichgewicht befinden. Das tägliche Leben mit all seinen Erfahrungen und Prüfungen, Krankheiten, Sorgen, usw. sowie die Zeit, die vorübergeht, bringen die Gesundheit ständig aus dem Gleichgewicht und führen bei den meisten unserer Mitmenschen zu einer vorzeitigen Alterung. Der Schlaf und die Nahrung reichen nicht mehr aus, um uns wieder ins Gleichgewicht zu bringen. Die Hilfe von Fachleuten zur Erhaltung der Gesundheit, zum Erlernen von Methoden zur inneren Harmonie und Genesung ist erforderlich. Diese Ziele liegen dem Samadeva zugrunde. Hinzu kommt noch seine außerordentlich verjüngende Wirkung. Wendet man die Arkana des Samadeva an, so wird man feststellen, dass es sich dabei nicht nur um einfache körperliche Übungen handelt, sondern dass sie eine besonders tiefgreifende und positive Wirkung auf Emotionen, Launen, Konzentration und Gedächtnis haben.

Die Anwendung

Das Üben geschieht progressiv:

- Lernen Sie die sieben Arkana eine nach dem anderen; der erste Zyklus ist damit vollständig.

- Steigern Sie nach und nach die Dauer der Übungen. Zehn Minuten genügen für einen Anfänger und für das tägliche Training.

Wenn Sie diese Hinweise befolgen, werden Sie sehr schnell Fortschritte machen und die Arkana immer besser beherrschen. Zu Beginn wird es vielleicht etwas anstrengend sein, aber mit der Zeit wird das Üben einfacher. Sie werden dann die Arkana beherrschen, und deren Ausübung wird Sie nicht mehr anstrengen: Vielmehr werden Sie Freude daran finden und erstaunliche Ergebnisse erzielen. Sie fühlen sich lebendiger, gesünder, Sie sind erholt und werden eine Verjüngung erleben.

Immer und Überall

Sie können die Arkana zu jeder Zeit üben. Dank ihrer Vielfalt kann man sie je nach Ort und Zeit auswählen, je nachdem welche hierfür am besten geeignet sind. Die Arkana sind keine endgültigen und starren Bewegungen und Haltungen: Jeder kann sie an seine persönliche Konstitution anpassen; die Geschwindigkeit, mit der die Übungen durchgeführt werden, kann ebenfalls je nach Temperament oder verfolgtem Ziel (anregende oder beruhigende Wirkung) variieren.

Am besten ist es jedoch, einen Kurs mit einem Lehrer oder einer geschulten Person zu besuchen, wie sie vom Samadeva-Institut (für Deutschland: Farren Bel Verlag) angeboten werden.

Die Atmung

Die Atmung spielt eine sehr wichtige Rolle: Für jedes Arkana finden Sie spezielle Anweisungen. Merken Sie sich aber in jedem Fall die Grundregel: durch die Nase ein- und wieder ausatmen, wobei die Ausatmung doppelt so lang dauert wie das Einatmen; machen Sie zwischen Ein- und Ausatmen immer eine Pause von ca. zwei Sekunden.

Während der Arkana, in denen man unter anderem eine unbewegliche Haltung einnimmt, atmet man grundsätzlich ein, wenn man sich **nicht** bewegt, um dann in der Bewegung auszuatmen.

Zu Beginn ist es jedoch besser, normal zu atmen, während man die Bewegungen und Haltungen der Arkana lernt, später werden dann die Atemübungen hinzugefügt.

- Denken Sie immer daran, während der Übungen frei zu atmen. Halten Sie Ihre Atmung nicht an, sie muss fließen.

- Unterschätzen Sie nie die Bedeutung der Atmung. Ihr Leben begann mit dem ersten Atemzug und wird mit dem letzten enden. Alles beginnt und endet mit der Atmung.

Die Atmung ist gleichzeitig eine ganz individuelle Handlung des Menschen, und verbindet ihn am stärksten mit seiner Umwelt. Jeder muss atmen, um am Leben zu bleiben, und es ist dieselbe Luft, die wir alle ein- und ausatmen: Ob wir es wollen oder nicht, durch die Luft, die wir ein- und ausatmen, sind wir mit allen Menschen verbunden, die uns umgeben.

Für eine bessere praktische Anwendung

Einige Hinweise, um die praktische Anwendung zu erleichtern:

- Tragen Sie weite Kleidung, die weder die Atmung noch den Blutkreislauf oder die Bewegungen stört.
- Wenn möglich sollten Sie während der Ausübung keinen Schmuck tragen, (Brille, Uhr, Halsketten, Armbänder... abnehmen).
- Machen Sie die Übungen nicht mit vollem Magen.
- Der Boden: Für einige Arkana sollte man einen Teppich oder ein großes Handtuch zur Verfügung haben, um sich vor Kälte zu schützen. Achten Sie auch darauf, auf einem glatten Boden nicht auszurutschen.
- Die Übungen sollten in einem gut gelüfteten Raum ausgeführt werden.

Öffnen Sie ein Fenster, wenn nötig, aber achten Sie darauf, dass immer eine angenehme Temperatur herrscht.

- Tun Sie Ihrem Körper keinen Zwang an, um sich nicht zu verletzen; machen Sie alle Übungen auf sanfte Weise.

- Sollten Sie nach der Ausübung müde sein, bedeutet das, dass Sie entweder zu viel gemacht haben oder im Begriff sind, krank zu werden – wenden Sie sich dann besser an einen Arzt.

- Wenn zu Beginn Gelenkschmerzen oder andere Probleme auftreten, üben Sie noch vorsichtiger oder suchen Sie einen Therapeuten auf, denn alles, was sich bemerkbar macht, ist ein Anzeichen für Beschwerden, die behandelt werden sollten. Wenn beispielsweise ein Schmerz bleibt, dann ist das ein Zeichen für ein körperliches Problem; manchmal kann es sich aber auch um fehlerhaftes oder übertriebenes Üben handeln, dann liegt es an Ihnen, dies richtig zu stellen!

Auswirkungen auf alle physischen und energetischen Organe

Die Wirkung der sieben Arkana (Bewegungen und Haltungen) des Samadeva breitet sich ausgehend vom Nervensystem auf den Bewegungsapparat - Muskeln, Sehnen, Gelenke - auf das Hormonsystem, die Verdauung, die Atmung und das Urogenitalsystem aus. Der gesamte Organismus wird durch die Übungen stimuliert, die Psyche wird ruhiger, der Geist klarer. Den energetischen Zentren des Körpers (die Chakren der Yogis, die Lataifs der Sufis, die Sephyroten der Kabbalisten oder die Akupunkturpunkte, die Meridiane der Taoisten) wird es besser gelingen, die außerhalb des Körpers existierenden Energien durch eine bessere Funktionsweise aller Sinne aufzunehmen. Eine Harmonisierung zwischen den inneren physischen, emotionalen und intellektuellen Energien entsteht auf ganz natürliche Weise.

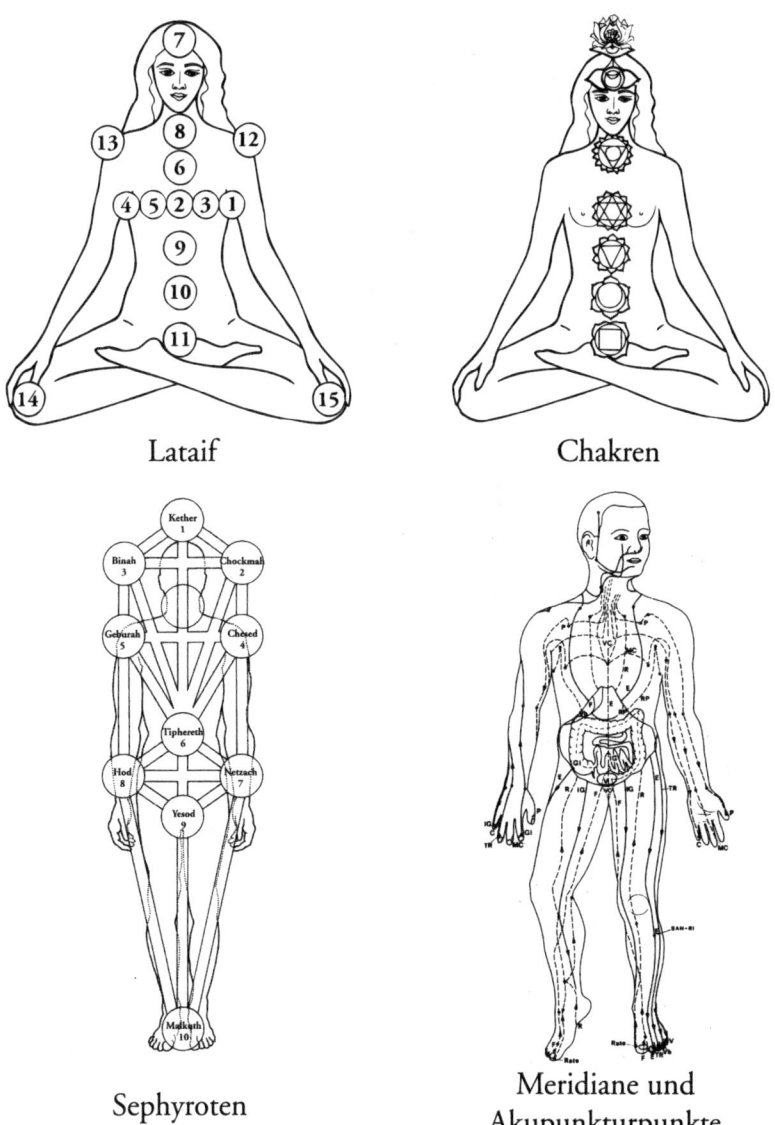

Lataif

Chakren

Sephyroten

Meridiane und
Akupunkturpunkte

Warum wirkt Samadeva auf Körper, Emotionen und Geist? Die Verbindungen zwischen diesen drei Bereichen sind bekannt, jedoch sieht man im Westen eher die Verbindung von Geist und Emotionen auf den Körper: Erröten, Krankheiten enstanden aus falschen Denkweisen (Magengeschwüre), Zittern vor Angst, usw. Die Therapeuten vergangener Zeiten wussten noch um die Verbindung in die andere Richtung: Bestimmte Körperhaltungen und Bewegungen wirken nicht nur auf das Physische, sondern auch auf Emotionen und Intellekt. So erklärt sich die entstehende Klarheit des Denkens und die Harmonie im emotionalen Bereich bei regelmäßiger Anwendung. Der innerlich ausgeglichene Mensch kann dann mit seinen Mitmenschen und seiner Umwelt in Harmonie leben. Samadeva wird somit zur einfachsten, angenehmsten und wirksamsten Methode, um Lebenskraft, Gesundheit, Harmonie und Jugend zu erlangen und zu erhalten.

Körperliches Wohlbefinden Lebensfreude und psychisches Gleichgewicht

Die Meister der Vergangenheit kannten schon die Aufgaben der Muskeln, so wie sie von den heutigen Wissenschaften wieder entdeckt wurden.

Die Muskeln stellen die Verbindung zwischen dem Körper und der Psyche dar: In ihnen verankern sich die psychischen Spannungen, und umgekehrt ziehen körperliche Spannungen psychische Müdigkeit und Unruhe nach sich. Dies lässt uns die Bedeutung eines guten Muskeltonus erkennen.

Die Arkana des Samadeva wirken sich dank der Bewegungen und Haltungen harmonisierend auf die Muskeltätigkeit aus, indem sie in ihnen eine ausreichende Spannung für ihre Tätigkeit erzeugen, aber die unnötigen Verspannungen wegnehmen und somit für eine bessere Entspannung sorgen. Folge ist nicht nur ein angenehmes, körperliches Wohlbefinden, sondern zusätzlich auch ein psychologisches Gleichgewicht.

Psychologisches Gleichgewicht

Psychologisches Gleichgewicht erkennt man an:
- einem klaren Geist
- einem gesunden Optimismus
- einem Gefühl von Frische und Jugendlichkeit
- einer hervorragenden Abwehr gegen Stress, Probleme und Sorgen
- einem gesunden, erholsamen Schlaf
- einer ansteckenden Lebensfreude

Wirkungen auf das Gehirn

Der äußerst positive psychologische Zustand hängt ebenfalls mit der Tatsache zusammen, dass sich die Arkana auf die unterschiedlichen Teile des menschlichen Gehirns auswirken, die dann besser mit Sauerstoff versorgt werden und somit die Tätigkeit verschiedener Substanzen wie Hormone und Neurotransmitter verbessern, deren Rolle wiederum darin besteht, den Organen bis zu den kleinsten Zellen hin sozusagen von der guten Funktionsweise und vom inneren Gleichgewicht des Menschen zu berichten.

Die positiven Wirkungen

Die positiven Auswirkungen durch die
Übungen der Arkana des Samadeva:

- Verbesserung des Blutkreislaufs im Gehirn
  (bessere Konzentrationsfähigkeit und
  besseres Gedächtnis) und den Gliedmaßen
  (Hände, Beine, Füße)

- Der Blutdruck wird ausgeglichen und der
  Herzmuskel angeregt

- Verbesserung der körperlichen
  Widerstandskraft

- Reinigung der Lungen und bessere
  Sauerstoffversorgung des Blutes durch
  Atemtechniken und Bewegungen

- Lockerung der Wirbelsäule und der
  Gelenke

- Anregung des Verdauungstrakts durch eine
  Eigenmassage der Bauchregion

- Stimulierung der Ausscheidungsorgane wie
  Nieren und Haut

- Regulierung der männlichen und
  weiblichen Hormonsysteme

- Harmonisierung der sexuellen Funktion

- Stärkung des Abwehr- und Immunsystems

- Jede Übung macht den Körper
  beweglicher, geschmeidiger und
  widerstandsfähiger

- Emotionale und psychische
  Harmonisierung und Entspannung

- Entwicklung der Intuition, der
  Eingebungskraft und der Kreativität

Die Grundstellung

*(Bleiben Sie in dieser Position immer einige Sekunden
bevor sie mit den Arkana beginnen)*

- Aufrechter Stand, die Füße sind 20 cm auseinander.

- Sie verlagern Ihr Gewicht leicht nach vorne, so dass es
  auf Ihren Fußspitzen lastet, Ihre Fersen berühren
  scheinbar schwerelos den Boden.

- Die Knie sind ganz leicht gebeugt.

- Das Becken kippt leicht nach vorne.

- Der Oberkörper ist gerade.

- Sie lockern den Bauch.

- Eine ruhige Bauchatmung beginnt.

- Versuchen Sie den Bauch und den Unterleib zu
  entspannen.

- Lassen Sie sich gehen.

- Versuchen Sie zu spüren, wie Sie sich bis in Ihre Füße
  hinab gleiten lassen.

- Vergessen Sie nicht, Ihre Schultern zu entspannen.

ARKANA 1

Die sprudelnde Quelle

Chakra Laleh

**(1 Wiederholung
Dauer: 2-3 min.)**

ARKANA 1

*(wirkt auf das Nervensystem
und reguliert die Energien)*

Die sprudelnde Quelle
Chakra Laleh

(1 Wiederholung / Dauer: 2-3 min.)

Wie im Yoga, im Taoismus und in der Kabbala, so kennt auch die SAMADEVA-Wissenschaft der Derwische nicht nur perfekt die Funktionsweise des physischen Körpers, sondern auch die des sogenannten Energiekörpers. Dieser setzt sich aus Kräftelinien (Meridianen, Kanälen, Nadis) zusammen, innerhalb derer die Lebensenergie (Kundalini, Ki, Nafa, Ruh, Prana) zirkuliert. Die bekanntesten dieser Energiezentren sind die Chakren. Für uns wird eine kurze Beschreibung in diesem Buch genügen. Man sollte wissen, dass das erste Arkana wie eine Übung zum

Arkana 1

Aufwärmen benutzt wird mit dem Ziel, die Zentren, die Chakren vorzubereiten, zu erwecken und zu beleben, um den physischen Körper und den Energiekörper auf die folgenden Arkana vorzubereiten.

Die Chakren befinden sich entlang der Wirbelsäule und werden als die Zentren angesehen, die nicht nur das Nervensystem und das Hormonsystem steuern, sondern auch alle anderen Systeme und Funktionen im Körper. Aus dem Blickpunkt der Spiritualität sagt man, sie empfangen die universellen Energien, insbesondere Prana (Lebensenergie), um diese durch die verschiedenen Kanäle (Nadis) im ganzen Organismus zirkulieren zu lassen.

Arkana 1

1 Man steht aufrecht in der Grundstellung.

2 Man legt die Hände mit den Fingerspitzen nach unten so aneinander, dass sich aus beiden Zeigefingern und Daumen ein Dreieck bildet, um sie dann für 10 sek. auf das erste Zentrum, das Zentrum der Bewegung zu legen (siehe Seite 52).

3 Dann führt man die Hände entlang aller Zentren nach oben über den Kopf, streckt sie weiter dem Himmel entgegen und öffnet mit nach oben gerichteten Handflächen die Arme, um sie seitlich in die Horizontale zu bewegen, wie eine sprudelnde Quelle die sich geöffnet hat. Dort angekommen, dreht man die Handflächen nach unten und bringt die Arme wieder seitlich an den Körper.

4 Man formt die Hände wieder zu einem Dreieck, gleitet am ersten Zentrum vorbei und stoppt am zweiten, dem sexuellen Zentrum für 10 sek. Dies wiederholen Sie für jedes Zentrum. Man endet mit dem höheren intellektuellen Zentrum, das sich auf dem Schädel in der Mitte befindet, indem man alle Fingerspitzen, abgesehen der Daumen, auf dieses Chakra legt, die Außenflächen der Finger berühren sich dabei, um dann wieder die schon vorher gemachte öffnende Armbewegung zu vollziehen. Jedes Mal, wenn Sie die Hände über dem Kopf haben, öffnen Sie diese wie eine sprudelnde Quelle und enden mit den Armen wieder seitlich am Körper.

Arkana 1

Haltung   Haltung der Hände
der Hände   beim letzten Chakra

Arkana 1

Die 7 Zentren

Die sieben wesentlichen Funktionen:
fünf niedere,
zwei höhere

Die sieben Funktionen entsprechen den sieben Zentren.

Der Mensch besitzt:
- ein intellektuelles Zentrum (IZ)
- ein emotionales Zentrum (EZ)
- ein physisches Zentrum, bestehend aus den folgenden drei Teilen:
  . das Zentrum der Instinkte (ZI)
  . das Bewegungszentrum (BZ)
  . das sexuelle Zentrum (SZ)
- zwei höhere Zentren
  . das höhere emotionale Zentrum (HEZ)
  . das höhere intellektuelle Zentrum (HIZ)

Arkana 1

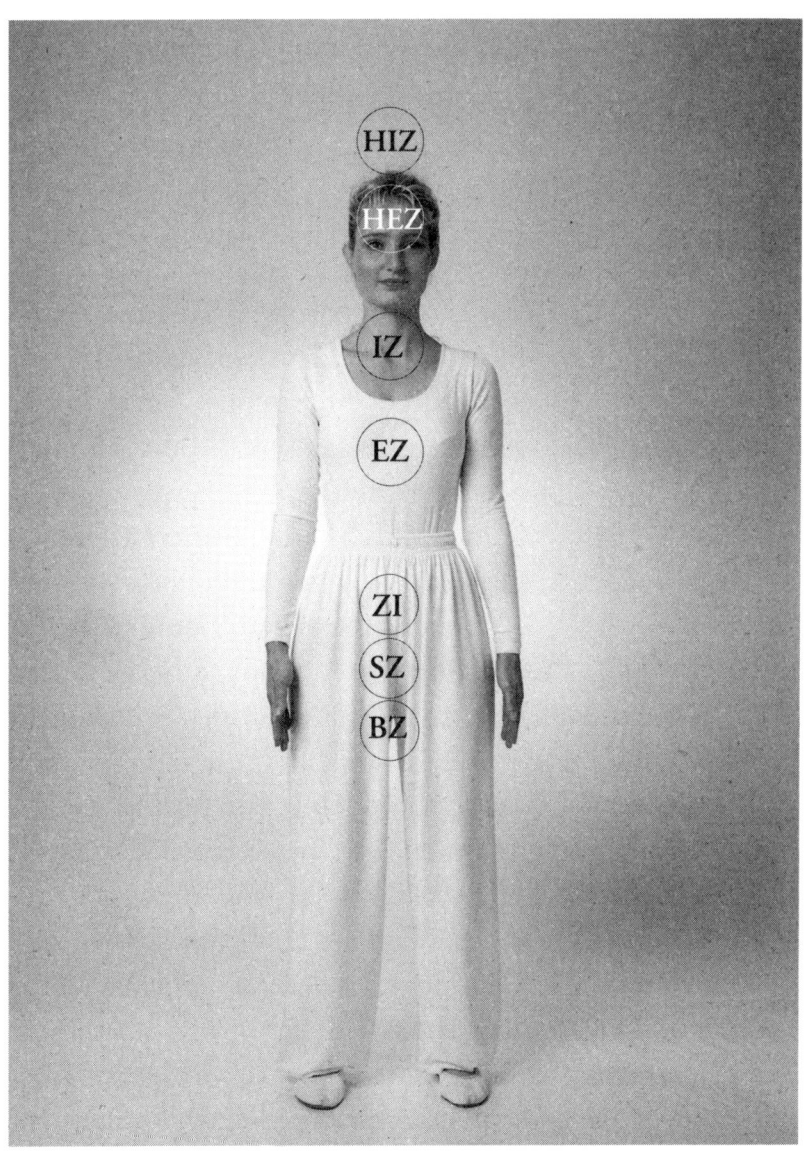

Arkana 1

Das Bewegungszentrum (BZ)

Das Bewegungszentrum, auch motorisches Zentrum genannt, ist ein Teil des physischen Zentrums; es steuert die äußeren Bewegungen: gehen, laufen, springen, bewegen..., jedoch nicht die inneren Bewegungen wie Verdauung und Atmung.

Gehen, bewegen, laufen, essen, schreiben, reden, sich aufrecht halten sind Handlungen, die an dieses motorische Zentrum gebunden sind und all dies muss durch Lernen erworben werden, man geht nicht von alleine, sondern muss dies von jemand anderem lernen. Wie beispielsweise jemand, der unter Tieren aufgewachsen ist und deswegen auf allen Vieren läuft, wie die Tiere es auch tun.

Dieses Zentrum ist fähig zu lernen, es kann sogar wirklich erzogen werden und eine große Geschicklichkeit durch eine geeignete Lehre erhalten. Dies bedeutet, dass es seine eigene Intelligenz besitzt. Ich

Arkana 1

nehme einen Gegenstand, er fällt mir herunter und ich kann ihn rechtzeitig greifen: Woran liegt das? Am instinktiven Zentrum? Nein, tatsächlich ist dies ein erlernter Reflex, und er kommt nicht aus dem instinktiven, sondern aus dem Bewegungszentrum. Haben Sie schon einmal ein Tier gesehen, das versucht hat, nach einem fallengelassenen Gegenstand zu greifen...? Abgesehen von Hunden, die man darauf dressiert hat nach einem Stück Holz zu schnappen, das man ihnen zuwirft. Es handelt sich also um einen erlernten Reflex, den man durch Übung verbessern kann: Üben Sie sich darin, Dinge fallen zu lassen und rechtzeitig danach zu greifen. Sie werden immer besser werden, denn das Bewegungszentrum ist fähig zu lernen, im Gegensatz zum instinktiven Zentrum, das schon ein gegebenes Wissen hat. Im Gegenteil zu dem, was man glaubt, ist das instinktive Zentrum das intelligenteste Zentrum, das wir besitzen. Was in den instinktiven Bereich gehört, lernt man nicht, man besitzt es seit seiner Geburt, was jedoch zum Bewegungszentrum gehört, ist erlernt.

Arkana 1

Im Yoga nennt man das Bewegungszentrum *Muladhara*, es ist das erste Chakra, das fundamentale Chakra.

Es ist das Zentrum für die grundlegende Energie, die *Kundalini*, Quelle aller Energien. Sie kann sich in Form von physischer oder sexueller Energie äußern, in emotionaler und psychischer, intellektueller und geistiger Energie. Manche sagen, dass es die einzige Energie ist und sie sich in alle anderen zerteilt. Für einige handelt es sich um die sexuelle Energie oder die Libido, die dann ihr ganzes Leben leitet.

Arkana 1

Lage des ersten Chakras

- Becken, Region zwischen Anus und Genitalien, Coccygeal-Ganglion.
- Es wirkt auf das Skelett, das Ausscheidungssystem, das lymphatische System und die äußeren sexuellen Organe.
- Es wirkt auf die Eierstöcke und die Gonaden, welche die Hormone Östrogen und Testosteron produzieren.
- Es leitet die Energien der Beine und Füße.
- Es wirkt auf den Geruchssinn.

Arkana 1

Das sexuelle Zentrum (SZ)
Schöpfung und menschliche Beziehungen

Der zweite Teil des physischen Zentrums ist das sexuelle Zentrum: Seine Hauptfunktion ist die Fortpflanzung und die Erhaltung der Art, also eine Form der Schöpfung. Das sexuelle Zentrum wird somit dadurch charakterisiert, dass es uns tatsächlich zur Schöpfung führt und uns die Möglichkeit bietet, nicht nur im sexuellen Bereich, sondern auch in allen anderen Bereichen menschliche Beziehungen einzugehen. In diesem Zentrum gibt es eine Energie, die den Menschen zur Schöpfung und zu menschlichen Beziehungen führt.

Dieses Zentrum spielt im Organismus die Rolle eines „Energiespeichers", der die Energie anschließend an die anderen Zentren verteilt. Man könnte sagen, es ist der große Akkumulator aller vitalen Energien.

Arkana 1

Im Yoga wird das sexuelle Zentrum *Swathisthana* genannt, es ist das zweite Chakra, manchmal wird es jedoch wie das erste angesehen: als die Quelle aller Energien.

Lage

– Genau über dem vorangegangenen Chakra, am Anfang der Wirbelsäule in Höhe des Lumbalplexus.

Wirkung

– Es steuert die Genitalien: Seine Stimulierung verbessert deren Funktion.
– Es ist der Sitz des persönlichen und kollektiven Unterbewusstseins und der animalischen Instinkte.
– Es ist auch der Sitz der Emotionen, der Eindrücke und Gefühle.
– Es leitet manche Verdauungsorgane sowie den Stoffwechsel.
– Es wirkt auf die Nebennierendrüsen (Cortison, Adrenalin).
– Es wirkt auf den Geschmackssinn.

Arkana 1

Das Zentrum der Instinkte

Im Gegensatz zur motorischen Funktion, die zu ihrer Entwicklung eine gewisse Anzahl von Fähigkeiten erwerben muss, ist die instinktive Funktion gleichbedeutend mit allem, was in uns angeboren und integrierter Bestandteil der Funktionsweise des menschlichen Organismus ist. Diese Funktion ist bei der Geburt schon vollständig vorhanden.

Die instinktive Funktion umfasst drei Gebiete: die Physiologie, die Sinnesorgane und die Reflexe.

Die Physiologie beinhaltet alles, was sich auf die interne Arbeit des Organismus bezieht: Blutkreislauf, Herzrhythmus, Regulierung der Körpertemperatur, Verdauung, Stoffwechsel, Atmung und die Drüsensekretion.

Zu den fünf gewöhnlichen Sinnen, Hören, Sehen, Riechen, Tasten, Schmecken, kommen noch der Sinn der Wärmeempfindung und der Sinn zur Wahrnehmung des eigenen Lebens hinzu. Es gibt noch weitere Sinne, die sich auf andere Zentren beziehen.

Die Reflexe. Beispiele: Das Zurückziehen der Hand wenn man einen zu heißen Gegenstand anfasst, das Schließen der Augen wenn das Licht zu stark ist, der Kniereflex, das Zittern vor Kälte, das Gähnen, das Lachen, das Saugen des Babys, das Schlucken...

Arkana 1

Im Yoga wird das instinktive Zentrum *Manipura*, das dritte Chakra genannt. Wie das erste und das zweite wird es manchmal als Quelle der ursprünglichen Energie bezeichnet: Es ist das *Hara* des Zen.

Lage
– Einige Zentimeter unter dem Bauchnabel.

Wirkung
– Es wirkt auf die Verdauung und den Stoffwechsel.
– In ihm vereinigen sich sympathische und parasympathische Nervenfasern.
– Es wird als das Zentrum des Ego, der Selbstbeherrschung und des Willens angesehen.
– Es steuert die Milz, die Leber, die Gallenblase und die Bauchspeicheldrüse (Insulin und Glykogen).
– Es wirkt auf den Sehsinn.

Arkana 1

Das emotionale Zentrum (EZ)

Durch dieses Zentrum sind wir fähig, Gefühle und Emotionen wie Freude, Leid, Liebe, Hass, Traurigkeit, Furcht, Fröhlichkeit, Ängstlichkeit, Sorgen, Erstaunen, Überraschung usw. zu empfinden. All diese Äußerungen verbinden uns auf die eine oder andere Art mit dem, was in der Welt um uns geschieht.

Beim normalen, gewöhnlichen Menschen nimmt der positive Teil die angenehmen Dinge wahr und der negative Teil die unangenehmen Ereignisse und Situationen.

Arkana 1

Im Yoga ist es das vierte Chakra, *Anahata*, das Chakra des Herzens.

Lage
– Inmitten der Brust, in der Höhe des Herzens. Thorakales Ganglion und Thymusdrüse, Herzplexus.

Wirkung
– Es steuert das Kreislaufsystem, das Atmungssystem, das Immunsystem, die Haut und die Thymusdrüse.
– Es gilt als der Sitz für alle zwischenmenschlichen Beziehungen.
– Es wirkt auf den Tastsinn.

Arkana 1

Das intellektuelle Zentrum

Die Aufgabe des niederen intellektuellen Zentrums ist es zu denken.

Es ist ein konditioniertes oder automatisches Denken, welches alle möglichen unterschiedlichen Leistungen erbringen kann: Begriffsbildung, Ideen, logisches Denken, Bejahung und Verneinung, Vorstellungskraft, Phantastereien und alle Arten der Phantasie, der Träumerei und des inneren Geschwätzes, das unaufhörlich in Ihrem Kopf kreist. Dieses Zentrum ist auch das Zentrum der Sprache.

Arkana 1

Visshuda ist das fünfte Chakra. Traditionell sagt man, dass im Bereich dieses Chakras ein anderes Chakra, *Latifa Lalana*, eine süße Flüssigkeit erzeugt: das Elixier der Unsterblichkeit, der göttliche Nektar *Amrita*, der gemäß mancher Derwische und Yogis ausreichen soll, um ohne Essen zu überleben.

Lage
– In der Höhe der Kehle.

Wirkung
– Es steuert die Energie in den Armen und Händen.
– Es wirkt auf Wachstum und Stoffwechsel.
– Es beeinflusst Kehlkopf, Rachen und Stimmbänder, den Kreislauf und die Atmung.
– Es regt Schilddrüse und Nebenschilddrüse an.
– Es wirkt auf die Verlängerung des Rückenmarks, die Medulla oblongata.
– Es ist mit dem Gehörsinn verbunden.

Arkana 1

Zentren, die teilweise selbständig sind

Man muss verstehen, dass jedes dieser Zentren teilweise selbständig ist und sogar eine unabhängige Intelligenz besitzt, entsprechend der natürlichen Art seiner Funktion, selbst wenn - und dies ist der Zustand des gewöhnlichen Menschen - diese verschiedenen Funktionen oder Intelligenzen sich überlagern: Unaufhörlich vermischen sich die Emotionen mit den Gedanken, oder Gedanken vermischen sich mit dem emotionalen Zentrum, oder die Emotionen haben Auswirkungen auf das Bewegungszentrum.

Ein Beispiel für das Bewegungszentrum:
- Die Angst, die lähmt.

Ein Beispiel für das instinktive Zentrum:
- Die Atmung ist normal, der Herzschlag regelmäßig, plötzlich ein großer Schreck und der Atem stockt und das Herz beginnt zu rasen: Unser instinktives Zentrum - unsere instinktive Intelligenz - wird durch das emotionale Zentrum gestört, die Emotion ist in den physischen Bereich der Instinkte eingedrungen!

Arkana 1

Die höheren Zentren

Gemäß der spirituellen Überlieferungen fügen sich beim Menschen, der sich zu entwickeln beginnt, zu den fünf bereits genannten Funktionen zwei weitere Funktionen hinzu, die von höherer Natur sind: eine höhere emotionale und eine höhere intellektuelle Funktion, beide entsprechen in der Spiritualität dem höheren Ich, der Seele oder dem Geist.

Diese zwei Funktionen sollen aus der Entwicklung unserer sogenannten Essenz entstehen, also aus dem, was am tiefsten und wahrhaftigsten in uns ist.

In unserem augenblicklichen Zustand sind wir uns nur unserer niederen Zentren bewusst. Also unserer Gedanken, unserer Emotionen und Gefühle, den Bewegungen, der Art wie wir instinktiv handeln und möglicherweise noch dem sexuellen- und Überlebens-trieb. Solange der gewöhnliche Mensch nicht einen höheren Grad der Entwicklung erreicht hat, ist er sich seiner höheren Zentren nicht bewusst.

Arkana 1

Das höhere emotionale Zentrum (HEZ)

Traditionell betrachtet man das höhere emotionale Zentrum - die sogenannte Seele - als Sitz aller „großen" Gefühle wie Liebe, Mitgefühl, Hoffnung, Vertrauen... und der tiefsten Emotionen wie die Ekstase.

Arkana 1

Im Yoga entspricht *Ajna,* das sechste Chakra, dem höheren emotionalen Zentrum.

Lage
— Zervikaler Plexus, in der Mitte zwischen den Augenbrauen: Gewöhnlich wird es das dritte Auge genannt.

Wirkung
— Es leitet das endokrine System in Verbindung mit der Hypophyse.
— Es leitet die rhythmischen Systeme im Körper, insbesondere den Wach-Schlafrhythmus, jedoch auch die Anpassung des Körpers an den Jahreszeitenwechsel.
— Es ist mit dem Sehnerv und dem Geruchsorgan verbunden.
— Es ist das Zentrum für die Intelligenz, das Gedächtnis und die Konzentration.

Arkana 1

Das höhere intellektuelle Zentrum (HIZ)

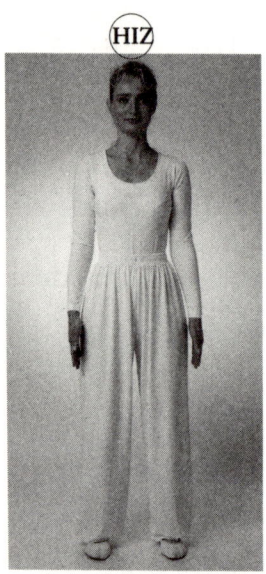

Traditionell betrachtet man das höhere intellektuelle Zentrum als Sitz der Intuition, der Inspiration, der inneren Erleuchtung, der übernatürlichen und paranormalen Fähigkeiten, wie Hellsehen und Hellhören, sowie als Sitz der Weisheit und der Genialität. Es wird auch Geist, höheres Ich oder das Selbst genannt.

Arkana 1

Im Yoga wird *Sahasrara,* das siebte Chakra, als die Krone bezeichnet.

Lage
— Auf dem Schädel im Bereich der Fontanelle.

Wirkung
— Man sagt, dass die im fundamentalen Chakra ruhenden Energien entlang der *Nadis,* der Kanäle, in der Wirbelsäule aufsteigen können bis zu *Sahasrara* und es dadurch dem Menschen ermöglicht wird, seine Möglichkeiten vollständig zu verwirklichen.
— Es beherrscht den Kortex und das Nervensystem.
— Es wirkt auf das Drüsensystem, die Zirbeldrüse.

ARKANA 2

Das Schilfrohr im Wind

Nadabrama

**(3 Wiederholungen nach rechts
Dauer: 1 min.)**

ARKANA 2

*(wirkt auf das Verdauungssystem
und die Wirbelsäule)*

*Das Schilfrohr im Wind
Nadabrama*

*(3 Wiederholungen nach rechts
Dauer: 1 min.)*

Haltung: Sie stehen aufrecht, ihre Füße haben einen Abstand von ca. 20 cm. zueinander.

1 Die Hände greifen seitlich in die Taille.

2 Hüfte nach links, Schulter nach rechts, Kopf und Nacken drehen sich nach rechts herum und man beugt sich dabei langsam nach vorne, um sich dann nach links zu drehen und wieder aufzurichten, der Oberkörper beschreibt dabei einen Halbkreis.

3 Man richtet sich auf, Hüfte nach rechts, Schulter nach links, der Nacken beendet seine Rotation, der Körper ist am Ende der Drehung wieder aufrecht.

Arkana 2

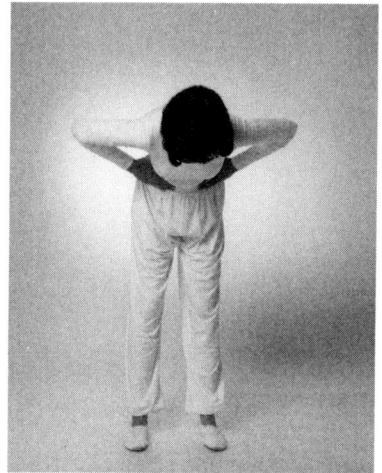

ARKANA 3

Der Tanz des Beckens

Nadasama

**(3 Wiederholungen nach links
Dauer: 1 min.)**

ARKANA 3

*(wirkt auf das Nervensystem
und reguliert die Energien)*

Der Tanz des Beckens Nadasama

*(3 Wiederholungen nach links
Dauer: 1 min.)*

Haltung: Sie stehen aufrecht, ihre Füße haben einen Abstand von ca. 20 cm. zueinander.

1 Sie verschränken Ihre Finger im Nacken.

2 Die Hüfte geht nach links, das Becken kreist dann nach hinten.

3 Hüfte nach rechts, das Becken kreist dann wieder nach vorne, man bewegt sich dabei biegsam und geschmeidig und lässt die Hüfte kreisen. Die Füße bleiben immer auf dem Boden, der Kopf bleibt während der Rotationen so gerade wie möglich.

Arkana 3

ARKANA 4

Der Gruß an die Sonne

Ahuramazda

**(1 Wiederholung
Dauer: 2 min.)**

ARKANA 4

(wirkt auf alle Körperfunktionen, insbesondere auf den Blutkreislauf und das Herz)

Der Gruß an die Sonne Ahuramazda

(1 Wiederholung / Dauer: 2 min.)

Der Gruß an die Sonne ist die beste Übung für die Gesundheit.

Seit Anbeginn der Zeit wurde dieser Gruß in allen Weisheitsschulen ausgeführt, wenn auch manchmal in leicht veränderter Form. Er wurde schon immer als die Grundlage für alle spirituellen Übungen angesehen. Er verbindet den Körper mit dem Geist. Und da durch jede Bewegung auch eine Emotion oder ein Gefühl entsteht, nimmt das Herz auch daran teil.

Diese Übung ist gleichzeitig eine Bewegung des Körpers, des Herzens und des Geistes. Es ist die grundlegendste Übung zum Erreichen des inneren Friedens.

Arkana 4

Die Bewegung

– Die Übung beginnt aufrecht, die Füße sind ungefähr 20 cm auseinander, die Arme hängen seitlich am Körper.

– Man führt die Hände vor dem Oberkörper nach oben, dabei gleitet man mit ihnen an allen Chakren vorbei, um dann die Arme über dem Kopf dem Himmel entgegenzustrecken, dort öffnen sie sich und bewegen sich seitlich wieder abwärts zum Körper. Die Bewegung ist fließend (2, 3).

– Man führt dann die Hände vor dem Solar Plexus zusammen, der linke Daumen liegt dabei in der rechten Hand (4), man verneigt sich nach vorne (5) und richtet sich wieder auf (6).

– Nachdem man sich aufgerichtet hat, lässt man sich auf die Knie fallen, die Beine liegen dabei eng aneinander. Man verbeugt sich ein zweites Mal und richtet den Oberkörper wieder auf, die Hände sind immer noch vor dem Brustkorb verschränkt. Dann öffnet man die Hände, formt ein Dreieck mit Daumen und Zeigefinger, beugt sich dabei nach vorne und berührt mit der Stirn und den Händen den Boden (7 bis 11).

– Die gleichen Bewegungen werden dann in umgekehrter Reihenfolge wiederholt. Man richtet den Oberkörper wieder auf, führt dabei die Hände wieder in die Position vor dem Solar-Plexus - linker Daumen in der rechten Hand - verbeugt sich noch einmal, steht dann auf, verbeugt sich wieder und führt zum Schluss die Arme an die Seite (12 bis 19).

Die Bewegung ist ruhig, fließend und leichtfüßig.

Arkana 4

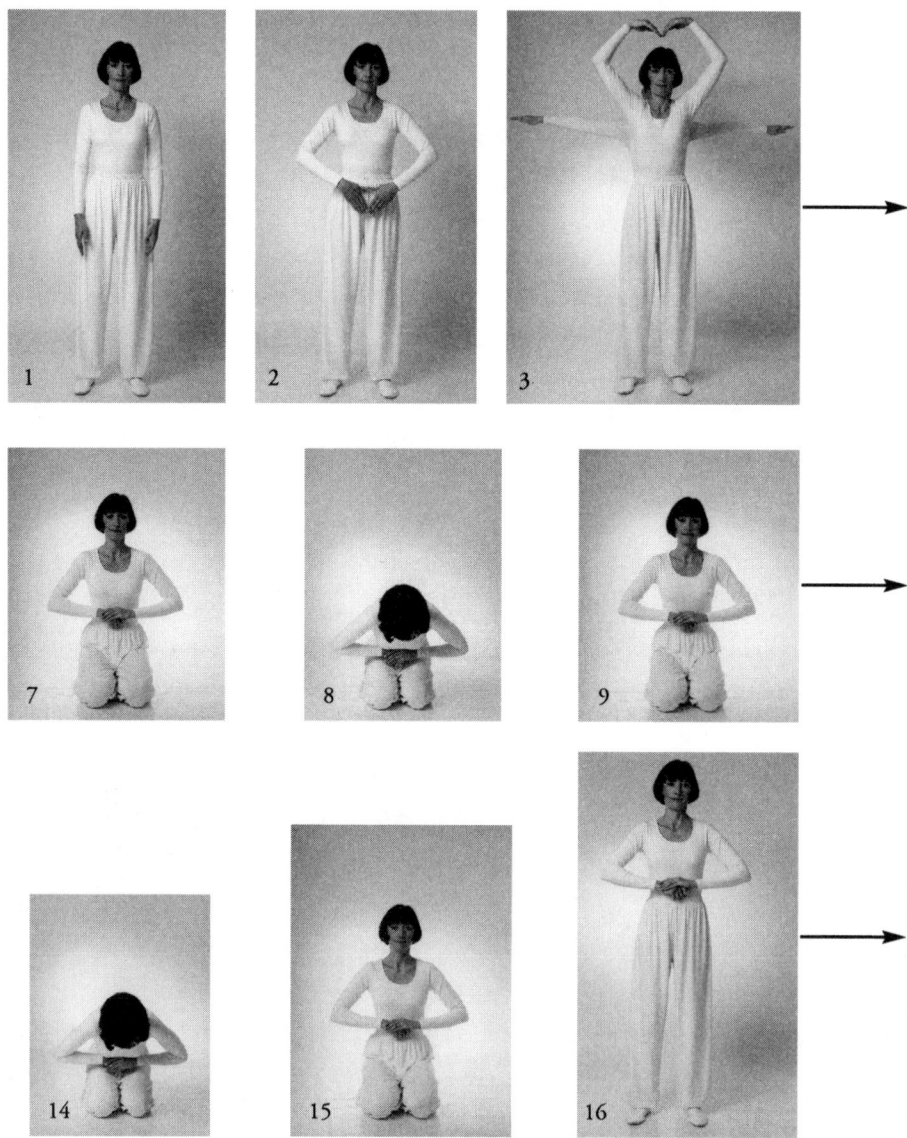

Arkana 4

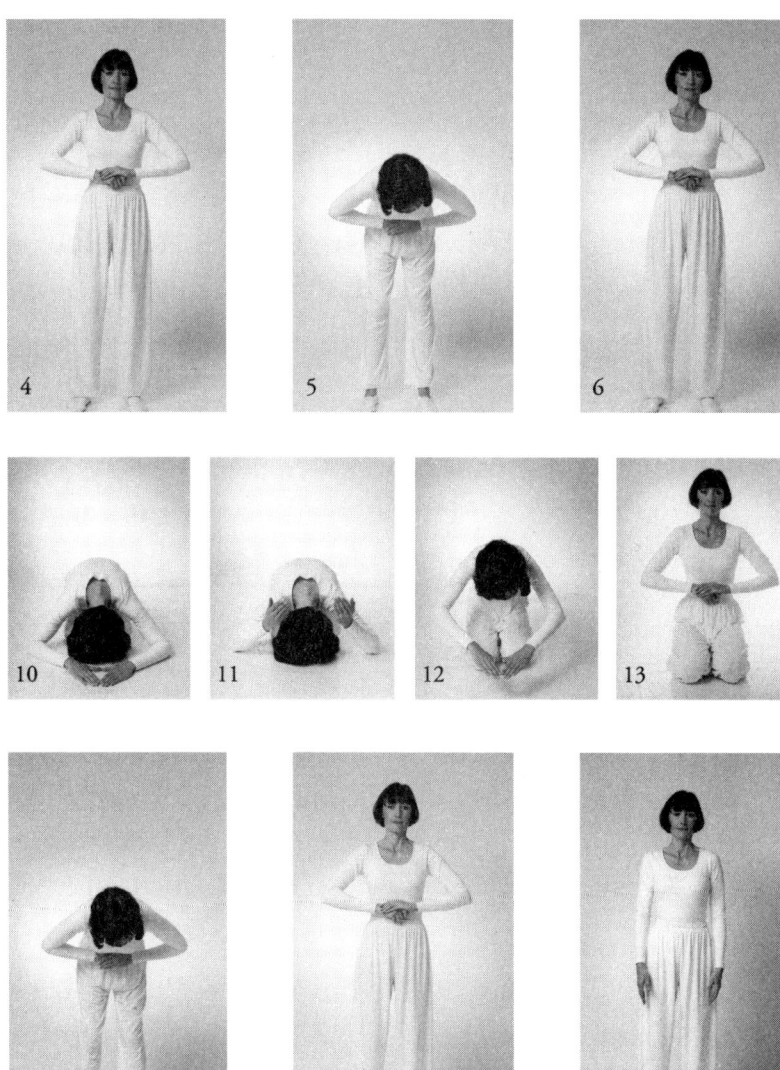

Arkana 4

Nutzen der verschiedenen Stellungen gemäß der alten Therapeuten

Positionen 1, 2, 3, 4, 6, 16, 18 und 19

Aufrechte Haltung, der Körper ist gerade, das Körpergewicht ist gut auf beiden Füßen verteilt; dies bringt die Wirbelsäule wieder ins Gleichgewicht; der Kopf und das Gehirn sind besser durchblutet; die verschiedenen Teile des Gehirns können gemeinsam arbeiten.
Die Konzentrationsfähigkeit steigt, die Atmung wird tiefer, voller und ruhiger, die Hormondrüsen werden angeregt.

Positionen 5 und 17

Die Muskeln des unteren Rückenbereichs, die Oberschenkel und die Waden werden elastischer, wie bei einem Stretching. Das Blut steigt in die höheren Teile des Rumpfes. Die Verdauungsorgane (Magen, Leber, Gallenblase, Bauchspeicheldrüse, Gedärme) werden angeregt.

Positionen 6 und 16

Das Blut fließt vom oberen Rumpf nach unten, dies bringt eine Massage der Organe mit sich, befreit von Verspannungen und führt somit zu einer Entspannung.

Arkana 4

Positionen 7 – 15

Beweglichkeit aller Gelenke, der Gliedmaßen und des Rückens, die Durchblutung zum Kopf hin wird erhöht, wobei dies eine bessere Funktionsweise der Lungen, der Bronchien, der Augen, Nase und Ohren bewirkt. Sehr gute Wirkung auch gegen Bluthochdruck.

Position 10

Sie hat eine besondere Wirkung auf den psychosomatischen Zustand: Sie wirkt ausgleichend, denn sie ermöglicht es die Egozentrik, die Ichbezogenheit zu überwinden und harmonisiert das sympathische und parasympathische Nervensystem.

In der aufrechten Position des Grußes entspricht der Mensch dem, was er ist: Ein Wesen, das eines Tages eine aufrechte Haltung erlangt hat. Wenn er sich verbeugt, ist er wie die Pflanze, wie das Schilfrohr, das sich im Wind beugt und auf Knien, auf allen Vieren, ist er wie das Tier, und durch das Niederwerfen auf den Boden kehrt er in das mineralische Reich zurück.

Arkana 4

Dies bedeutet, dass der Mensch während des Grußes alle Stadien seiner Entwicklung durchläuft und sich erinnert, dass er aus den verschiedenen Reichen der Natur besteht, welche in ihm ihre Einheit und ihre Krönung gefunden haben.

Gleichzeitig lehrt uns dieser Gruß, dass jedes Wesen in der Schöpfung einen festgelegten Platz hat, der an den jeweiligen Rang gebunden ist. Man sagt, dass selbst die Engel eine bestimmte Haltung haben, um Gott zu ehren. Nur der Mensch ist fähig, jede dieser Haltungen einzunehmen, es steht ihm frei, zwischen dem Tier, der Pflanze oder dem Staub zu wählen, um vielleicht eines Tages die Haltung des Engels zu erlernen.

Die Legende sagt, dass jemand, der diese Begrüßung der Sonne macht, von zwei Engeln begleitet wird: seinem Schutzengel und einem Erzengel.

ARKANA 5

Die Dehnung
der Lebensfreude

Mazdana

**(1 Wiederholung
Dauer: 30 sek.
Spannung für jeweils
3 sek. halten)**

ARKANA 5

(wirkt auf die Haut, die Nieren
und die Harnblase / wirkt entgiftend)

Die Dehnung der Lebensfreude Mazdana

(1 Wiederholung / Dauer: 30 sek.
Spannung für jeweils 3 sek. halten)

Sie stehen in der Grundposition.

Heben Sie die Arme entspannt nach vorne und drücken Sie mit nach vorne gerichteten Handinnenflächen, so als ob Sie ein Hindernis wegdrücken wollten (3 Sekunden die Spannung halten), dann entspannen Sie wieder und heben die Arme nach oben um mit nach oben gerichteten Handflächen wieder 3 Sekunden die Spannung zu halten, wieder entspannen und die Arme seitlich in die Horizontale führen, die Handflächen zeigen nach außen und wieder 3 Sekunden die Spannung halten, zum Schluss führen Sie die Arme wieder entlang des Körpers und mit zum Boden gerichteten Handflächen halten sie noch mal 3 Sekunden die Spannung.

Tun Sie dies langsam und atmen Sie ruhig.

Arkana 5

ARKANA 6

Feuerfunken

Ahura

**(5 Wiederholungen
nach rechts und links
Dauer: ca. 1 min.)**

ARKANA 6

(wirkt auf das Verdauungssystem, die Abwehrkraft, auf Rücken und Nacken und harmonisiert die Psyche)

Feuerfunken - Ahura

*(5 Wiederholungen nach rechts und links
Dauer: ca. 1 min.)*

1. Phase

Man steht aufrecht, die Füße sind 20 cm auseinander. Man hebt die Arme seitlich des Körpers in die Waagerechte. Der Blick ist auf die rechte Hand gerichtet.

2. Phase

Mit dem rechten Arm beschreibt man jetzt einen Kreis nach vorne. Gleichzeitig folgt man mit dem Kopf und den Augen den Weg, den die rechte Hand dabei zurücklegt, die sich schließlich auf die linke Schulter legt. Das Becken beschreibt dabei eine leichte Drehung nach links und man geht etwas in die Knie, auch der Oberkörper biegt sich leicht.

Zur selben Zeit macht der linke Arm einen Halbkreis nach hinten, man beugt ihn, um die Handaußenfläche auf das rechte Schulterblatt zu legen.

Arkana 6

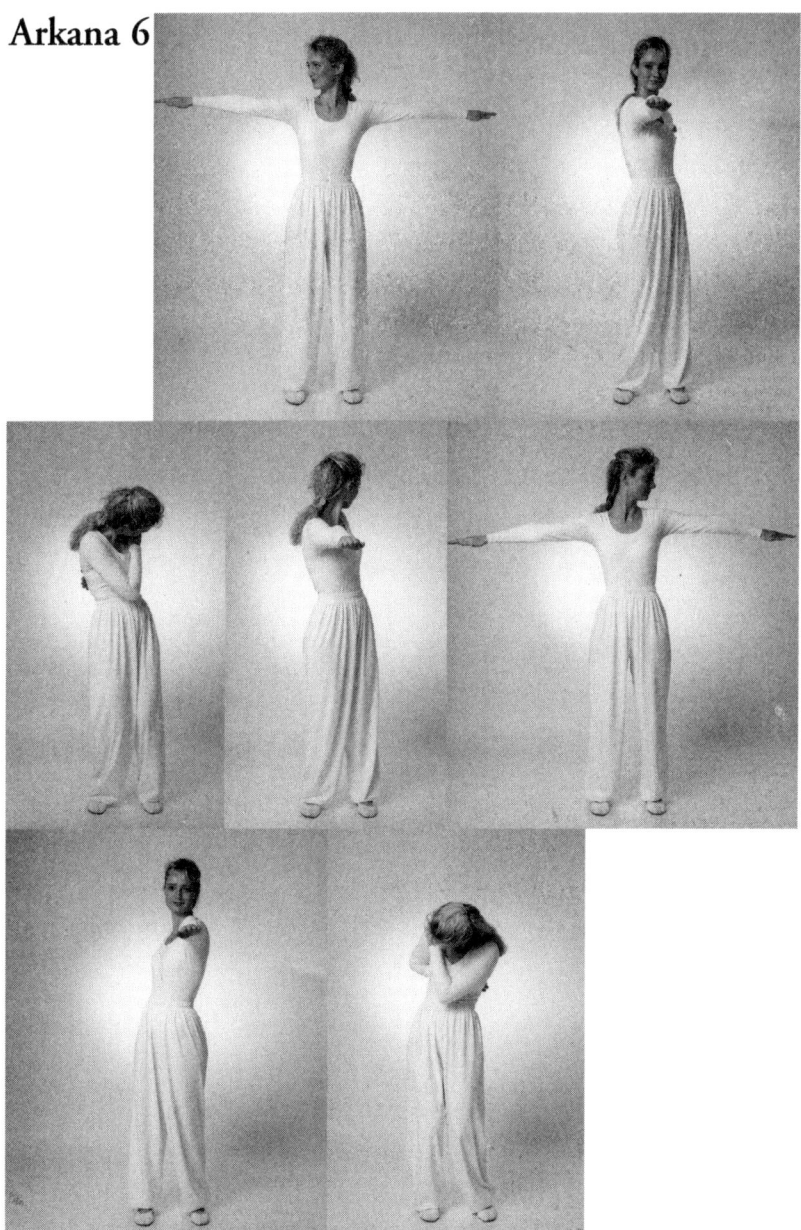

3. Phase

Der rechte Arm wird nach vorne geführt, der linke Arm führt von hinten ebenfalls wieder in die Waagerechte seitlich des Körpers, man richtet dabei Kopf und Oberkörper wieder auf. Der Kopf und die Augen folgen dabei nun der linken Hand, während die Bewegung in die andere Richtung getan wird. Wiederholen Sie dann den Vorgang wieder auf der anderen Seite. Nach den fünf Wiederholungen sind beide Arme schließlich wieder in der seitlichen Horizontale, der Blick nach vorne gerichtet, und Sie lassen die Arme wieder seitlich an den Körper gleiten.

ARKANA 7

Der Tanz der Planeten

Sama

**(12 Drehungen
Dauer: ca. 1 min.)**

ARKANA 7

(bringt das Nervensystem und den Hormonhaushalt wieder ins Gleichgewicht und harmonisiert die Psyche)

Der Tanz der Planeten Sama

(12 Drehungen / Dauer: ca. 1 min.)

Sama, die drehende Bewegung oder der „wirbelnde Tanz" wurde vor allem durch die wirbelnden Derwische von Konya bekannt, an die diese Technik durch einen Meister ihrer Bruderschaft, *Mevlana Jalalûdin Rumi*, weitergegeben wurde.

Sama ist eine Übung, die größere Intensität, eine größere Energie, Erfüllung und neue Lebensfreude mit sich bringt. Man sagt, dass Sama den Körper stärkt, das Herz reinigt und das Denken klarer werden lässt.

Beachten Sie:

Während der ersten Übungen könnte sich vielleicht ein Schwindelgefühl einstellen: Machen Sie dann eine Pause. Später können Sie dann mit der Wiederholung fortfahren, diese Gefühle werden verschwinden. (Sollte dies nicht der Fall sein, haben Sie entweder psychosomatische Beschwerden oder eine physiologische Krankheit und sollten einen Arzt aufsuchen.)

Arkana 7

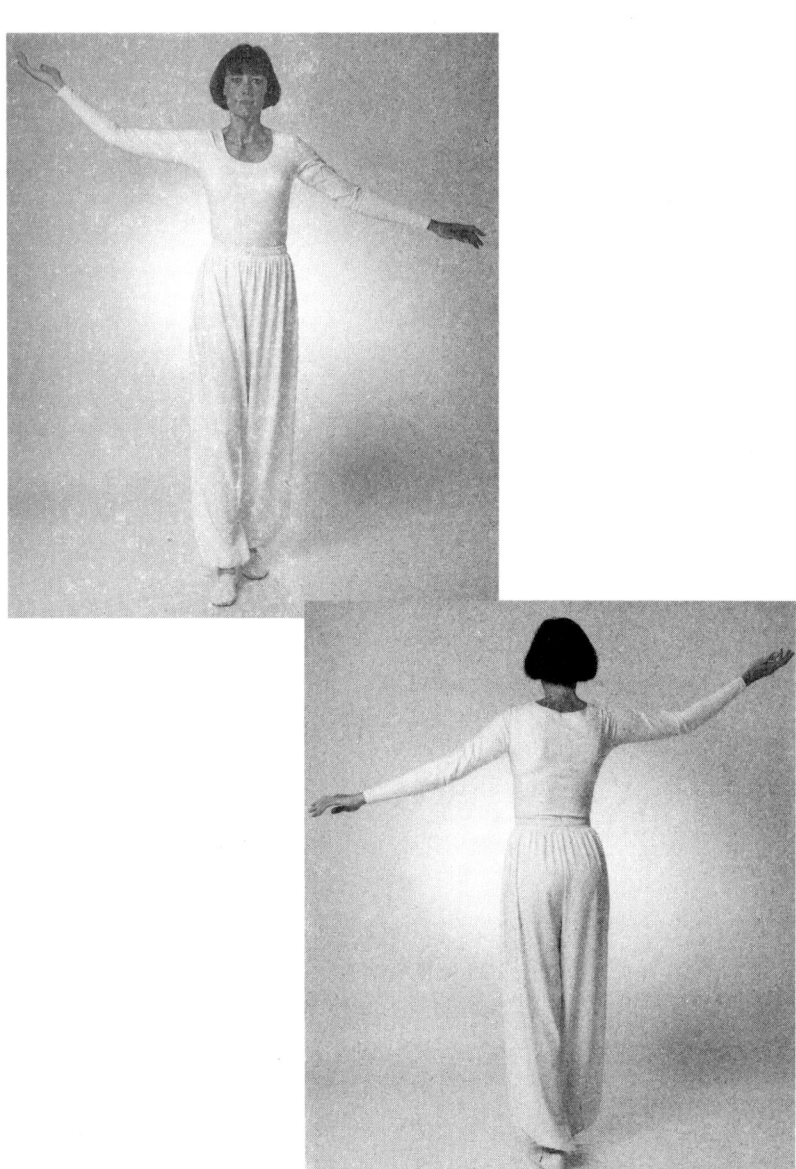

Arkana 7

Das Erlernen

Sama lernt man in mehreren Schritten: Es ist wichtig, Schritt für Schritt vorzugehen. Entspannen Sie sich für einige Momente, bevor Sie beginnen. Sie brauchen etwas Platz für diese Übung. Achten Sie also darauf, dass Sie nicht durch Objekte oder Möbel behindert werden. Zu Beginn ist ein glatter Bodenbelag besser geeignet sowie passende Strümpfe. Auf Teppichboden übt es sich besser barfuß. Achten Sie darauf, während der Übung nicht gestört zu werden.

Arkana 7
1. Übung

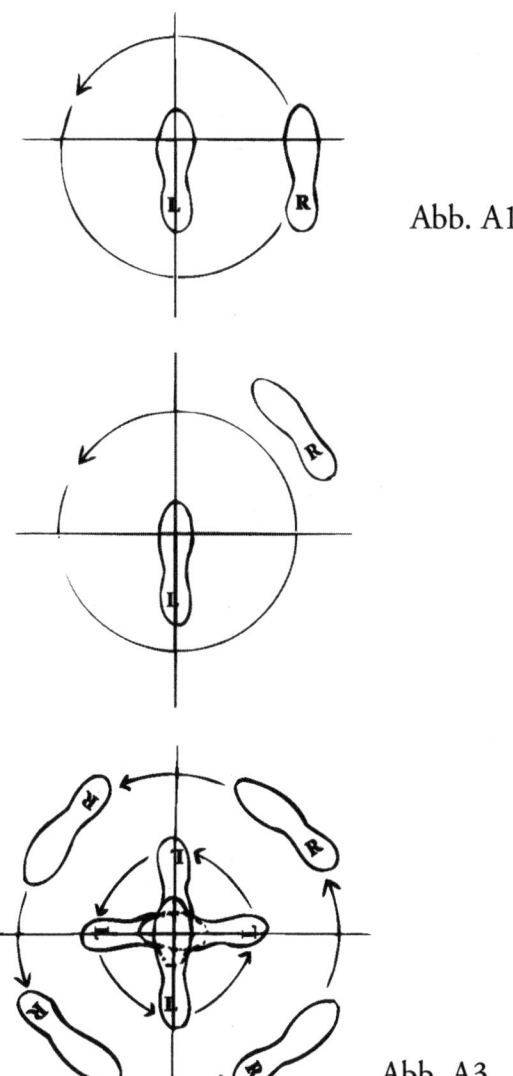

Abb. A1

Abb. A2

Abb. A3

L = linker Fuß
R = rechter Fuß

Arkana 7

1. Übung

Sie sind in der Anfangsposition, die Arme vor der Brust gekreuzt (rechts über links). Die Füße stehen etwa in Schulterbreite auseinander.

Stellen Sie sich jetzt auf Ihren linken Fuß, dann heben Sie leicht Ihren rechten Fuß, versuchen Sie dabei im Gleichgewicht zu bleiben; finden Sie Ihr Gleichgewicht. Spüren Sie, wie Ihr linker Fuß fest auf dem Boden steht.

Mit Ihrem rechten Fuß machen Sie nun eine Vierteldrehung nach vorne / links, während der linke Fuß weiterhin fest am Boden bleibt, er gleitet durch die Drehung um die Körperachse mit und Sie fahren mit diesen Viertelumdrehungen fort, immer darauf achtend, dass Ihr linker Fuß gut mit dem Boden verhaftet bleibt. Der rechte Fuß vollzieht auch immer die Vierteldrehungen mit (siehe Abb. A1, A2, A3). Man dreht sich immer nach links, eine komplette Drehung vollzieht sich also in vier Abschnitten, in vier Schritten. Es ist wichtig, das Gleichgewicht gut zu finden und mit dem linken Fuß immer einen festen Kontakt zum Boden zu behalten.

Atmen Sie ruhig und versuchen Sie auch innerlich ruhig zu sein. Zuerst lernen Sie, sich sehr langsam zu drehen.

Sie machen die Bewegung sozusagen in Zeitlupe, nach und nach können Sie diese dann beschleunigen. Ihr linker Fuß ist auf dem Boden verankert, er ist die Achse, um die sich Ihr ganzer Körper dreht, der Schwung geht vom rechten Fuß aus.

Arkana 7

2. Übung und endgültige Bewegung

Jetzt können wir zur zweiten Übung übergehen.

Ausgangsstellung

Sie stehen mit gekreuzten Armen (rechts über links) und setzen Ihren rechten Fuß einen halben Schritt hinter Ihren linken, die Füße stehen parallel versetzt zueinander. Das wird von nun an im Sama Ihre Ausgangsstellung sein. Jetzt verlagern Sie Ihr Körpergewicht auf Ihr linkes Bein, so dass Sie Ihren rechten Fuß frei bewegen können. Sie heben langsam Ihren rechten Fuß und setzen ihn vor und leicht links von Ihrem linken Fuß auf; das entspricht der Distanz zweier Vierteldrehungen. Achten Sie darauf, nicht das Gleichgewicht zu verlieren. Jetzt können Sie eine komplette Drehung machen, indem Sie zweimal den Schritt machen, den Sie eben gelernt haben. Der linke Fuß dreht dabei natürlich auch, indem er auf dem Boden mitgleitet. Üben Sie, indem Sie zwei halbe Runden drehen, die nach und nach sehr fließend eine gesamte Drehung bilden werden. Die Drehung geschieht gleichzeitig mit beiden Füßen. Diese bleiben parallel zueinander, der linke Fuß bleibt immer am Boden haften, gleitet bei der Drehung und hebt nie vom Boden ab. Nur der rechte Fuß wird immer angehoben

Arkana 7
2. Übung, endgültige Bewegung

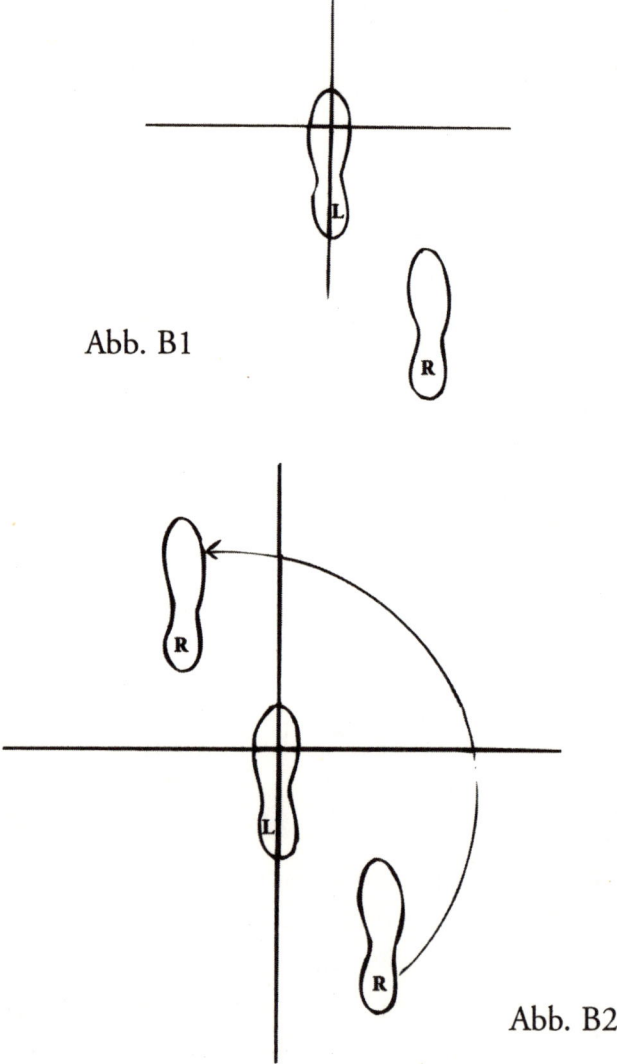

Abb. B1

Abb. B2

Arkana 7

und gibt der Drehung ihren Schwung. Je schneller sich der rechte Fuß vom Boden löst, desto flüssiger werden die beiden halben Drehungen zu einer ganzen.

Ich wiederhole: Es ist wichtig, zuerst den rechten Fuß aufzusetzen und erst anschließend zu drehen. Noch einmal: zuerst den rechten Fuß über den linken, aufsetzen und dann drehen; wieder den rechten über den linken, aufsetzen und drehen... Gehen Sie anfangs sehr bewusst, langsam und sorgfältig vor (Abb. B1, B2 und B3).

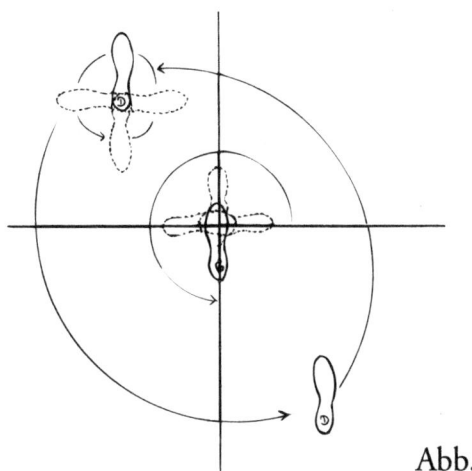

Abb. B3

Arkana 7

Der Nutzen von Sama

Körperliches Wohlbefinden, emotionale Reinigung, intellektuelle Klarheit.

Einige Wirkungen:
- Verbesserung des Allgemeinzustands mit besonderer Wirkung auf alle sichtbaren Beschwerden
- Wichtige Hilfe für den Heilungsprozess
- Psychosomatisches Gleichgewicht
- Emotionale Befreiung
- Verbesserung der Sinneswahrnehmung
- Verbesserung der Sexualität
- Stoppen von Panikzuständen und Angst
- Situationen werden entdramatisiert
- Entspannung zwischenmenschlicher Beziehungen
- Lösungen werden entdeckt
- Inneres Gefühl der Freiheit
- Steigerung der Kreativität
- Die Träume werden angenehmer
- Entwicklung der Intuition und anderer übersinnlicher Fähigkeiten

ARKANA 8

Entspannung

Saprana

(Dauer: zwischen 1 und 30 min.)

ARKANA 8

Saprana Entspannung

(Dauer: zwischen 1 und 30 min.)

Für jegliche Aktivität, sei sie physisch, intellektuell oder emotional, brauchen Sie Energie. Um über genügend Energie zu verfügen, ist es wesentlich, dass Sie lernen, nicht unnötig welche zu verlieren, insbesondere durch körperliche Verspannungen.

Lernen Sie mit der folgenden Übung sich zu entspannen, sich zu lockern.

In sitzender Haltung:

Setzen Sie sich bequem auf einen Stuhl, auf dem Sie gut aufrecht sitzen können. Sie können den Lendenbereich anlehnen, achten Sie jedoch darauf, die Wirbelsäule senkrecht zu lassen, ohne Spannung, ohne Zwang. Ihr Kopf bildet die gerade Verlängerung Ihrer Wirbelsäule, Ihre Augen bleiben geöffnet, und Sie versuchen die Verspannungen im

Arkana 8

Kopfbereich zu lösen: Nacken, Gesicht und Augen... Ihre Hände liegen dabei flach auf Ihren Knien. Versuchen Sie jetzt intensiv Ihre Augen wahrzunehmen, so als wollten Sie in sie eindringen. Seien Sie in Ihren Augen bewusst, empfinden Sie, spüren Sie wirklich Ihre Augen. Jetzt können Sie sie entspannen und die Muskeln Ihrer Augen lockern. Ihre Augen bleiben geöffnet, sind jedoch auf keinen Gegenstand gerichtet. Seien Sie sich jetzt Ihres ganzen Gesichtes bewusst.

Entspannen Sie nach und nach die Bereiche, an die Sie gerade denken, Stirn, Wangen, Mund usw. Lassen Sie die Entspannung zu.

Gehen Sie nun über zum Nacken, dann zu Ihren Schultern. Spüren Sie die Nacken-muskeln und entspannen Sie diese. Fühlen Sie Ihre rechte Schulter und entspannen Sie sie, tun Sie nun das gleiche mit Ihrer linken Schulter, mit Ihrer rechten Hand, dann mit

Arkana 8

der linken. Spüren Sie jeden Muskel und entspannen Sie ihn.

Fühlen Sie nun die Muskeln im Bereich zwischen Brustkorb und Zwerchfell und entspannen Sie diese.

Entspannen Sie Ihre Bauchmuskulatur und bemerken Sie, wie Ihre Atmung dadurch tiefer, weiter und ruhiger wird. Mehr und mehr kehrt Ruhe in Sie ein. Sie fahren mit Ihrem rechten Bein fort, gehen vom Oberschenkel aus bis zum Fuß und beginnen dann mit dem linken Bein. All dies sollten Sie langsam tun, um so alle Körperteile gut fühlen zu können; fühlen Sie die Entspannung, die entsteht und Ihnen ein Gefühl vermittelt, als ob Ihr ganzer Körper eine einzige entspannte Masse ist. Fühlen Sie diese Masse, die Ihr Körper darstellt: Sie bemerken Ihren Körper, Sie sind sich seiner bewusst.

Während Sie nun die Übung ein zweites Mal wiederholen - Sie fangen dabei wieder mit dem Gesicht an - denken Sie daran, jedes Körperteil noch intensiver wahrzunehmen,

Arkana 8

bis hin zu Ihrem Nervensystem und Ihrem Blutkreislauf. In manchen Teilen des Körpers werden Sie ein Wärmegefühl, vielleicht sogar ein Kribbeln wie von Ameisen spüren.

Sie können diese Übung solange weitermachen bis Sie eingeschlafen sind oder sie beenden, indem Sie ein- oder zweimal tief ein- und ausatmen.

Diese Übung kann man täglich wiederholen. Nach 20 oder 30 Wiederholungen beherrscht man sie. Wenn Sie sich an die Übung gewöhnt haben, können Sie deren Dauer verringern.

Durch regelmäßiges Üben werden Sie eine große Menge bewusster Energie behalten.

Diese Übung kann auch im Liegen durchgeführt werden und als Einschlafhilfe dienen.

ARKANA 9

Meditation
Atmung

Dyana

**(1 bis dreimal täglich
Dauer: 20 min.)**

ARKANA 9

Meditation, Atmung Dyana

(1 bis dreimal täglich / Dauer: 20 min.)

Im normalen Zustand denkt der Mensch. Normalerweise hält er sich für diese Gedanken, er verschmilzt mit ihnen. Er ist seine Gedanken und nicht derjenige, der denkt. Solange er auf diesem Niveau bleibt, kann er nichts Höheres erreichen.

Er muss die Ebene der ablaufenden Gedanken verlassen, um den Denker in sich zu erreichen, der vom Denken befreit ist. Das Ziel der Meditation ist es, zu dieser direkten Erfahrung des Bewusstseins seiner selbst zu gelangen. Das Ich wird sich seiner selbst bewusst: Es sieht sich selbst von allen Gedanken befreit. Das Ich erhebt sich über die Ebene des gewöhnlichen und mechanischen Denkens hinaus auf die Ebene des Bewusstseins.

Wir wissen, dass es unmöglich ist, den ständigen Gedankenfluss anzuhalten und direkt zum Bewusstsein zu gelangen, denn die Gedanken sind wie eine Barriere zwischen einem selbst und dem Geist. Wir müssen

Arkana 9

jedoch über diese Barriere hinaus gelangen, aber ohne die Gedanken zu verdrängen, und dies geschieht durch die Anwendung von Meditationstechniken.

Die Anwendung

Die Übung wird im Sitzen durchgeführt, die Knie liegen tiefer als das Becken und sind leicht auseinander, das Becken dehnt sich nach vorne. Man hat ein leichtes Hohlkreuz, jedoch ohne Muskelanspannung, um dadurch die aufrechte Haltung besser zu bewahren. Um die richtige Position zu finden, kann man den Oberkörper leicht nach vorne und hinten bewegen, immer langsamer, bis man sich in die richtige Haltung eingependelt hat. Man spannt den Nacken leicht an, indem man das Kinn an die Brust zieht. Die Augen sind geschlossen, man entspannt das Gesicht, die Stirn, die Augenmuskeln usw. Man lockert den Kiefer und die Lippen, so als ob man innerlich lächeln wollte. Die Hände sind ineinander gelegt, die Arme und Schultern entspannt.

Es geht darum, eine gerade und dennoch lockere Haltung zu haben. Man muss die

Arkana 9

richtige Spannung des Körpers finden, nicht zu viel und ohne sich zu verkrampfen. Man ist im Gleichgewicht, aufrecht, aber nicht versteift. Die Haltung drückt Stärke aber auch Geschmeidigkeit aus, sie ist lebendig und zielgerichtet. Sie ist weder schlaff noch erzwungen.

Die Atmung geschieht im Bauch, die Bauchdecke hebt und senkt sich dabei, man konzentriert sich auf die Atmung, sie ist langsam und tief, jedoch ohne Zwang. Das Einatmen geschieht auf natürliche Weise, tief aber etwas schneller als das Ausatmen.

Um sich seiner Atmung bewusster zu sein, kann man versuchen, die Luft in Höhe des Kehlkopfes leicht zu bremsen. Dadurch entsteht ein dumpfer, beständiger Ton, eine Art dunkles Zischen während der Ausatmung. Die Atmung wird dadurch langsamer und tiefer und bei guter Konzentration auf diesen leichten Ton im Kehlkopf entsteht eine allgemein bessere Konzentrationsfähigkeit. Zu Beginn der Meditation kann man dies

Arkana 9

intensiver und geräuschvoller tun, später dann mit größerer Diskretion.

Um seine Konzentration zu verbessern, kann man sich auch verstärkt auf seinen Bauch konzentrieren, auf den Punkt, der das Lebenszentrum (Hara) genannt wird. Man merkt, wie dieser Punkt Hara, er liegt etwas unterhalb des Bauchnabels, sich verhärtet. Dies ermöglicht eine Verbesserung der Konzentration.

Wenn man zu Beginn der Ausatmung gleichzeitig die Schultern entspannt und sich etwas gleiten lässt, so als wollte man sich auf seinem Kissen, seiner Bank oder seinem Stuhl besser hinsetzen, hat man die richtige Position.

Am besten geht man in dieser Reihenfolge vor: Man entspannt die Schultern, man setzt sich, während man das Kinn etwas in Richtung Brust zieht erhält der Nacken eine leichte Spannung. Der höchste Punkt des Schädels richtet sich dabei zum Himmel, die Ausatmung verlagert sich tiefer in den

Arkana 9

Unterbauch mit dem Ergebnis, dass sich der Bauch etwas einzieht und der Unterbauch sich durch den Druck leicht spannt.

Tun Sie niemals etwas mit Gewalt, zwingen Sie sich nicht! Man atmet so lange wie möglich aus, ohne sich zu zwingen, und man lässt das Einatmen geschehen, wiederum ohne Zwang.

Während der Meditation ist es wichtig, seine innere Tätigkeit auf etwas anderes als den Willen des Ego zu richten. Der Geist sollte innerlich aufnahmefähig werden, indem er aufhört, sich in allen möglichen Eindrücken der äußeren Welt zu verlieren. Lassen Sie das Geschwätz Ihrer Gedanken abfließen, um nur zuzuhören. Es ist unwichtig, dass der Gedankenfluss immer weiter läuft, solange Sie ihm nicht folgen und nicht an ihm haften bleiben! Dies ermöglicht es, eines Tages auf natürliche Art in die höheren Schichten des Bewusstseins zu gelangen: Dies lässt sich aber nicht erzwingen, es geschieht! Aus diesem Grund konzentriert man sich einfach auf die Atmung.

Arkana 9

Um die Übung langsam zu beenden, dreht man den Kopf nach rechts, dann nach links, man massiert sich die Hände, der Körper bewegt sich leicht hin und her, dann beugt man sich nach vorne, lockert seine Beine, massiert und bewegt seine Gelenke etwas, um schließlich aufzustehen und etwas auf der Stelle zu treten.

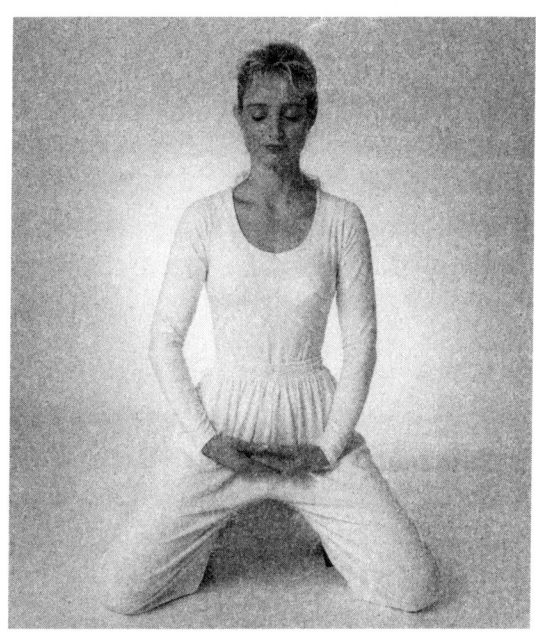

ARKANA
CHAKREN
SEXUALITÄT

Arkana, Chakren und Sexualität

Abgesehen von den sieben schon besprochenen Zentren existieren noch viele andere Zentren, *Chakren* oder *Lataifs* im menschlichen Organismus. Wir haben das achte bereits erwähnt, das *Latifa Lalana*, welches das Elixier für ein langes Leben absondert. Weiter am Hinterkopf befindet sich das neunte Chakra: *Binduvisarga*.

Wie das *Latifa Lalana* ist es sehr geheimnisvoll, da es an der Produktion von männlichem Sperma beteiligt ist (Bindu bedeutet Samentropfen). Es wird auch *Somachakra* genannt.

Latifa Lalana und *Binduvisarga* stehen in enger Verbindung mit dem sexuellen Zentrum, dem zweiten Chakra und der harmonischen Verteilung der sexuellen Energie, nicht nur im physischen Körper, sondern auch innerhalb der Emotionen und der Gedanken.

Zuviel oder zuwenig Energie im sexuellen Zentrum, dem zweiten Chakra, ist meistens die Ursache für Störungen der Sexualität, wie beispielsweise Impotenz, Frigidität, Unfruchtbarkeit...

Ein energetisches Ungleichgewicht im *Latifa Lalana* führt zu einer emotionalen und gefühlsmäßigen Dysharmonie wie beispielsweise Gleichgültigkeit, Eifersucht...

Ein energetisches Ungleichgewicht im *Binduvisarga-Chakra* führt zu Störungen bei dem Denken und Verhalten, das mit der Sexualität verbunden ist (fixe Ideen, Obsessionen, Exhibitionismus...).

Das Arkana der Sexualität

Wir zeigen Ihnen jetzt eine besondere Übung, die bei regelmäßiger und nicht exzessiver Anwendung zu einer Harmonisierung der physischen, emotionalen und intellektuellen Funktionen führt, welche an die Sexualität gebunden sind. Durch sanftes Einwirken auf *Latifa Lalana* und *Binduvisarga* wird das sexuelle Zentrum wieder ins Gleichgewicht gebracht: Je nach Notwendigkeit führt dies entweder zu einer Beruhigung oder zu einer Anregung der sexuellen Funktionen.

Der Ursprung von diesem Arkana liegt im Taoismus. Die chinesischen Weisen betrachteten sie als die beste Übung für ein langes Leben, es heißt, dass jeder Monat regelmäßiger Praxis das Leben um ein Jahr verlängert. Sie ermöglicht es, „*Toe*" anzuziehen, die universelle Energie im sexuellen Zentrum, indem „*Toe*" sich mit „*Ki*" vereinigt, der vitalen Energie des Menschen. Es ist wichtig, diese Übung mit einer bestimmten Atemtechnik zu verbinden (die nur an Eingeweihte weitergegeben wurde) und einer Vokalübung, die darin besteht, mehrere heilige Silben zu wiederholen.

Das Arkana der Sexualität

Die Atemübung, die nur von den Meistern angewandt wurde, bestand darin, der eingeatmeten Luft im *Latifa Lalana* den subtilsten Anteil zu entziehen (*das Prana des Toe*). Dies geschah mit Hilfe heiliger Laute, die man im Bereich des Kehlkopfes erklingen ließ. Anschließend wurde das *Prana* aus dem *Toe* entlang der Wirbelsäule zum zweiten Chakra, dem sexuellen Zentrum geschickt, wo es im Kontakt mit der sexuellen Energie, dem *Ki* eine alchimistische Umwandlung erfuhr, bevor es zum *Binduvisarga-Chakra* am Hinterkopf geschickt wurde. Dies führte gemäß der taoistischen Tradition zur Entstehung eines zweiten subtilen energetischen Körpers, der nach und nach den physischen Körper ersetzen sollte: Dieser Körper, der nicht materiell und irdischer Natur war, sollte unsterblich sein. Diese Praktiken wurden später von der Mehrzahl der großen Geistesrichtungen im Orient und Okzident angewandt. Und tatsächlich: Man findet Spuren wieder in den Mantras des indischen *Vedanta*, in den Wiederholungen des buddhistischen *Nemboutsou*, in dem „Gebet des Herzens" der orthodoxen christlichen Mönche und in den *Dikhr* der Sufis.

Das Arkana der Sexualität

Die Meister der Weisheit, die *Sarmanen*, haben über die *Malamati Derwische*, die von Indien über Pakistan und Afghanistan in den Iran reisten, diese Praktiken den muslimischen Sufis beigebracht, insbesondere der *Kwajagan-Bruderschaft*, zu der *Bahauddin Naqshband* aus Boukara gehörte. Dieser ist der Begründer der *Tarika* der *Naqshbandi-Sufis*, die einen erheblichen Einfluss auf die mittelorientalischen Zivilisationen ausgeübt haben.

Jede dieser Richtungen hat die ursprüngliche Technik der taoistischen Meister leicht abgeändert, um sie nicht nur an die Eingeweihten anzupassen, sondern ebenfalls an alle Männer und Frauen, die den Wunsch hatten und fähig waren, diese Übungen anzuwenden. Ich gebe Ihnen die Übung in einer Form, die an die Männer und Frauen von heute angepasst sind.

Das Arkana der Sexualität

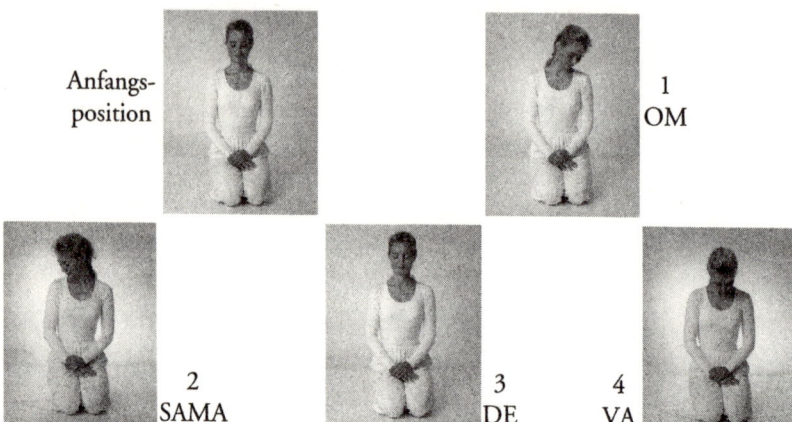

Sitzend hält man das rechte Handgelenk mit der linken Hand. Man hält den Kopf aufrecht in gerader Verlängerung der Wirbelsäule.

1. Man bewegt den Kopf nach unten, dann dreht man die linke Wange zur linken Schulter und sagt dabei „OM".

2. Nun beschreibt man mit nach unten gebeugten Kopf einen Halbkreis zur rechten Schulter und sagt dabei „SAMA".

3. Man nimmt dann mit dem Kopf wieder die aufrechte Haltung ein und sagt dabei „DE".

4. Dann neigt man den Kopf nach unten in Richtung des Herzens und sagt dabei „VA".

Die Bewegung ist fließend.

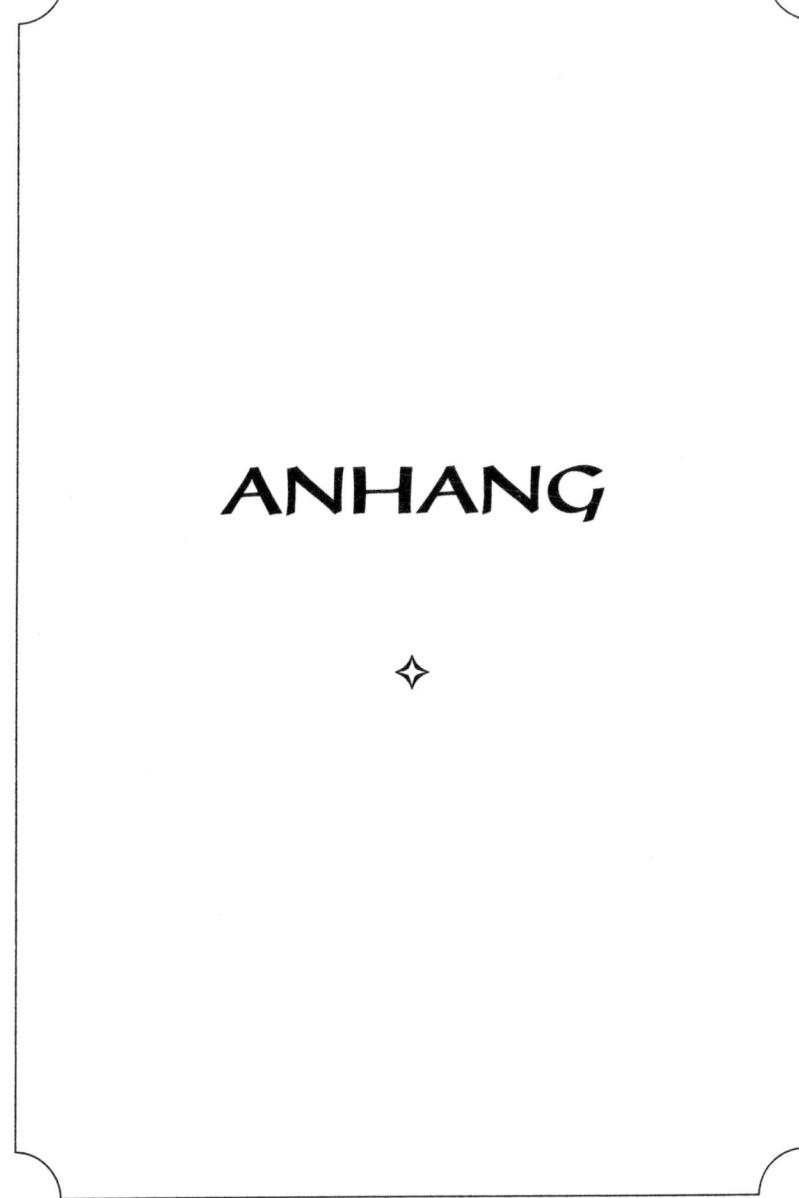

ANHANG

1 - IN PHYSISCHER FORM BLEIBEN

Um in guter körperlicher Verfassung zu bleiben, empfehle ich Ihnen regelmäßiges Üben. Es ist besser, täglich kleinere Anstrengungen zu machen, als ab und zu sehr viel auf einmal zu tun.

Die physischen Übungen, die ich Ihnen empfehle, können sowohl von jungen und kräftigen Menschen als auch von älteren und schwächeren Menschen getan werden. Sie können immer an den Zustand der Person angepasst werden, die sie anwenden will.

Ein Ratschlag: Versuchen Sie, immer eine gute körperliche Haltung einzunehmen, ob Sie nun stehen, sitzen, liegen oder gehen. Zusätzlich sollten Sie immer versuchen sich zu entspannen; denken Sie oft daran Ihr Gesicht, Ihren Rücken, die Wangen und den Kiefer zu entspannen. Es sollte für Sie zu einem Prinzip werden, immer ein glattes und niemals verkrampftes Gesicht zu haben. Vergessen Sie auch nicht, Ihre Hände, Ihre Finger und Ihre Handflächen zu entspannen. Entspannen Sie sich oft, so oft wie möglich. Dadurch werden Sie viel Energie gewinnen, und zusätzlich verbessern Sie auch den Blutkreislauf Ihres Körpers.

Schlaf und Schlaflosigkeit

Ein guter Schlaf ermöglicht unserer psychologischen und körperlichen Struktur sich zu regenerieren. Gleichzeitig dient der Schlaf auch dazu, unserem bewussten Ich aus unserem Unterbewusstsein heraus in Form von Träumen verschiedene Botschaften zu senden. Jeder sollte sich diese Botschaften anhören, denn manchmal können sie einen im täglichen Leben führen.

Die zwei Vorgänge, die den Schlaf einleiten, sind:
- Verringerung der Sinnesreize,
- große Müdigkeit trotz der Sinneswahrnehmungen.

Die Wissenschaft hat uns gezeigt, dass unser Gehirn auch im Schlaf nicht vollkommen ruht. Wenn sich aber die Gehirnaktivität mehr und mehr verlangsamt, werden wir immer müder, außer wir befinden uns in einer sitzenden Haltung (Meditationshaltung), während der wir den Nacken und die Wirbelsäule vollkommen gerade, also in einer Linie halten. Sobald der Kopf jedoch nach vorne fällt, kann uns der Schlaf überwältigen!

In den verschiedenen Schlafphasen äußern sich die Träume: Sie sind ein regulierendes und reinigendes Element für das Bewusstsein. Ihre Interpretation ist für den Meditierenden nicht notwendig, jedoch ist es sehr wichtig, sie zu beobachten.

Man benötigt einen guten Schlaf, um gesund und in gutem Gleichgewicht zu sein. Die Menschen aber leiden immer mehr unter Schlaflosigkeit. Sie ist, wie auch die Nervosität, eine der Plagen unserer modernen Zivilisation. Wir wissen, dass unser Nervensystem ohne einen erholsamen Schlaf gestört ist, und ohne ein Gleichgewicht in unserem Nervensystem ist es einem nicht möglich, ein friedliches Leben zu führen.

Gründe, die den Schlaf stören:
- Nervöse, psychologische und spirituelle Verspannungen, entstanden aus Sorgen und ungelösten Problemen,
- übertriebener Kaffee- und Teekonsum,
- spätes zu Abend essen,
- keinen Sport treiben,
- Lärm und Hektik,
- intellektuelle Überarbeitung; für manche kann dies schon das einfache Lesen nach dem Abendessen oder im Bett sein,
- Fernsehen, Radio und Musik hören bevor man zu Bett geht,
- sexuelles Ungleichgewicht durch ein Zuviel oder ein Zuwenig,
- falsche Atmung, flache Atmung,
- die Qualität der Matratze, meist ist sie zu weich.

Einige Ratschläge, die Ihnen zu einem regenerierenden Schlaf verhelfen können:
- Essen Sie abends nicht mehr nach 19 Uhr.
- Trinken Sie Kräutertee von leicht beruhigenden Pflanzen: Baldrian, Passionsblume, Linden- und Orangenblüten.

- Bewegen Sie sich, arbeiten Sie im Garten, machen Sie ruhige Arbeiten im Haus oder abends einen Spaziergang, am besten nach dem Abendessen.
- Machen Sie Atemübungen, insbesondere ruhige und tiefe Bauchatmung.
- Machen Sie vor dem Zubettgehen eine Entspannungsübung.

Hier ein Rezept:
jeweils in Urtinktur zu gleichen Teilen, insgesamt 125 ml:
- Tilia Tomentosa
- Passiflora
- Escholtsia california
- Valeriana

Nehmen Sie vor dem Schlafengehen von dieser Mischung einen Teelöffel in einem Glas Wasser ein.*

Die Ernährung

Die meisten Menschen in unseren Ländern sind überernährt, deswegen ist es notwendig, weniger zu essen. Zuviel Essen „verstopft" den Magen, die Därme und die Leber, die dann mehr Energie für die Verdauung benötigen: Diese Energie fehlt entsprechend für das Geistesleben; weniger essen ist die erste Regel.

* Leider sind nicht alle Pflanzenextrakte in Deutschland erhältlich

Die zweite Regel ist, gut zu kauen: Feste Nahrungsmittel sollten man solange kauen, bis sie zu Brei werden. Dies vereinfacht die darauffolgende Verdauung.

Die dritte Regel beinhaltet, nicht mehr nach 19 Uhr zu essen, denn der Schlaf ist oft durch die Verdauung gestört, was Schlaflosigkeit fördern kann.

Die vierte Regel bezieht sich auf die bessere Auswahl seiner Nahrung: Essen Sie lieber Getreide, Früchte Ihrer Umgebung, Joghurt, kaltgepresste pflanzliche Öle und biologisch oder bio-dynamisch angebautes Gemüse. Süßigkeiten aus weißem Zucker sollte man vermeiden, auch Schokolade, Konserven, industriell behandelte Nahrungsmittel und exotische Früchte. Milchprodukte und Eier sollten nur in geringem Maße verzehrt werden. Was man zum Fleischkonsum wissen sollte: Wer darauf verzichten kann, sollte dies tun.

Die fünfte Regel besteht darin, chemische Medikamente (außer sie sind für Ihre Gesundheit erforderlich), Kaffee, Tabak, Alkohol und andere Drogen zu meiden.

Die Nahrung sollte als ein Mittel betrachtet werden, die Zellen, Organe und Körperstoffe in einem guten Funktionszustand zu halten. Versuchen Sie, jegliche psychologische Abhängigkeit von bestimmten Nahrungs-mitteln auszuschalten (Wein, Bier, Schokolade, Kuchen, usw.), der Körper wird dann selbst zeigen, welche Nahrungsmittel er für seinen individuellen Nutzen braucht. Man muss verstehen, dass der Mensch seine wahre Energie nicht aus der Nahrung, sondern aus dem Geist erhält. Genügend zu essen ist wichtig, die vorangegangenen Regeln sollten jedoch weitestgehend eingehalten werden. Jeder Mensch ist anders, und er muss für sich selbst herausfinden, wie er die Empfehlungen am besten umsetzen kann.

Die Getränke

Es ist wünschenswert, zwei oder drei Liter Flüssigkeit am Tag in Form von Wasser, Pflanzen- oder Früchtetee, Frucht- oder Gemüsesäften zu sich zunehmen.

Das Fasten

Man braucht nicht zum Asket zu werden, Fasten ist eine Reinigungsmethode. Ideal ist ein Fastentag in der Woche. An diesem Tag nimmt man nur Flüssigkeit zu sich, Wasser oder Pflanzentee. Schwächeren Personen, die zu niedrigem Blutdruck neigen, wird empfohlen, an diesem Tag nur Obst zu essen. Wenn man ein längeres Fasten plant, sollte man mit seinem Therapeuten oder Arzt reden.

Zu guter Letzt sollte man wissen, dass man ein erfülltes Leben nur durch ein Gleichgewicht zwischen Aktivität und Ruhe sowie in der Aufnahme der Nahrung erhalten kann.

Ich empfehle Ihnen nicht zu rauchen, nur wenig alkoholische Getränke zu sich zu nehmen und überwiegend biologische Kleidung aus Naturfasern zu tragen, die der Jahreszeit angemessen ist. Wenn es kalt ist, sollten Sie sich warm genug anziehen und insbesondere den Hals schützen. Gehen Sie nie mit nassen Haaren vor die Tür, halten Sie Ihre Füße warm und vermeiden Sie Zugluft.

2 - DIE GEISTESHALTUNG

Jetzt noch ein paar Ratschläge für Ihre Geisteshaltung: Versuchen Sie immer in Frieden mit sich selbst und den anderen zu sein. Versuchen Sie alles zu tun, um sich zu versöhnen: Dies bedeutet auch zu versuchen, die anderen zu lieben und sich selbst liebenswerter zu machen. Seien Sie tolerant, sowohl sich selbst gegenüber als auch gegenüber den anderen. Hören Sie auf, aus allem ein Problem zu machen, lassen Sie alles fließen. Nehmen Sie das Leben, nicht aber Ihre Probleme ernst; sehen Sie nicht alles so tragisch.

Eine Geschichte der Derwische:

Der magische Ring
Ein Prinz, der eine große Leidenschaft für außerge-wöhnliche Dinge hatte, ließ eines Tages all seine Berater zu sich rufen.

„Ich träumte von einem Ring", erzählte er, „der die Fähigkeit hatte, mich fröhlich zu stimmen wenn ich traurig war, aber er machte mich auch ein wenig traurig, wenn ich fröhlich war."

Und er verlangte, dass man ihm solch einen Ring herstellte.

Weder die Berater noch die Minister oder der Juwelier wussten, wie man dies anstellen sollte. So rief man den Meister der Weisheit.

Er nahm einen einfachen Goldring und ließ folgende Worte eingravieren: „Alles geht vorbei."

Leben und leben lassen, versuchen Sie, den anderen gegenüber wenig Erwartungen zu haben, lassen Sie ihnen ihre Freiheit und fühlen auch Sie sich frei.

Der große Philosoph *Sokrates* sagte: Jene, die am wenigsten Erwartungen gegenüber den anderen haben, sind die von Gott am meisten geliebten Menschen." Versuchen Sie, sich mit den kleinsten Dingen zufrieden zu geben. Je eher Ihnen dies gelingt, um so mehr werden Sie sich über die großen positiven Dinge freuen, die Ihnen im Leben begegnen. Nach und nach werden Ihnen dadurch auch negative Erfahrungen immer weniger leidvoll erscheinen. Suchen Sie bei den anderen immer deren Qualitäten: Sehen Sie auch deren Fehler, aber bleiben Sie nicht daran haften.

Was Sie persönlich betrifft, so sollten Sie Ihre Qualitäten, Ihre Talente und Ihre Gaben pflegen, denn dies lässt Sie viel leichter Ihre eigenen Fehler und Unzulänglichkeiten vergessen. Wenn Sie Schwächen in sich erkennen, versuchen Sie einfach diese zu korrigieren, ohne deswegen ein Schuldgefühl oder einen Minderwertigkeitskomplex zu entwickeln. Gelingt es Ihnen nicht, so benutzen Sie die vorher genannte Methode: Entwickeln Sie Ihre Gaben, Ihre Talente und Fähigkeiten. Machen Sie sich klar, dass Sie sich um so besser fühlen werden, je weniger Sorgen Sie sich machen. Wenn Sie Schwierigkeiten oder Probleme haben, versuchen Sie diese klar zu analysieren, oder finden Sie jemanden, der Ihnen dabei hilft. Danach treffen Sie eine Entscheidung, wie Sie das Problem regeln möchten und lassen sich nicht mehr davon abbringen. Sollten Sie ein

Problem haben zu dem es keine Lösung gibt, so haben Sie nur die Möglichkeit, dies zu akzeptieren und bestmöglichst damit zu leben: Lassen Sie es, wo es ist und leben Sie Ihr Leben. Im Leben muss man sowohl den Mut besitzen, das zu ändern, was man ändern kann als auch die Kraft das, was man nicht ändern kann, mit Weisheit und Ruhe zu akzeptieren.

Pflegen Sie Ihren Sinn für Humor, jedoch ohne Spott und Ironie, und fangen Sie bei sich selbst damit an. Lernen Sie über sich selbst zu lachen, lachen Sie nicht über die anderen, sondern lachen Sie mit ihnen. Wenn Sie manchmal weinen möchten, auch wenn Sie ein Mann sind, weinen Sie; wenn man weint, wird man wieder ein wenig mehr man selbst. Man darf natürlich jetzt nicht weinerlich werden, aber ab und zu, wenn man dieses Gefühl in sich verspürt, sollte man sich gehen lassen.

Vorher gab ich Ihnen den Rat Ihre Talente, Fähigkeiten und Gaben zu entwickeln, damit meine ich: Seien Sie kreativ, seien Sie schöpferisch: Akzeptieren Sie nicht mehr Ihre Langeweile, finden Sie etwas, das Sie tun können, auch wenn Sie dafür etwas ganz Neues finden müssen, aber bleiben Sie nicht untätig.

Ich wünsche Ihnen viel Glück und Erfolg.

✦

INHALT

DAS
SAMADEVA
INSTITUT

SAMADEVA, eine Kunst zu leben

An wen richten sich die Samadeva-Schulungen?
Ausbildung für Fachleute und Interessierte

Die Ausbildung im SAMADEVA wendet sich an Fachleute oder Lehrer für Körpertechniken (im Bereich von Tai-Chi-Chuan, Yoga, Eurythmie, Tanz, sanfter Gymnastik oder normaler Gymnastik...) sowie an Fachleute im Gesundheitswesen (Therapeuten, Mediziner, Psychologen...). Außerdem richtet sie sich auch an alle interessierten Menschen, die sowohl etwas für sich selbst tun wollen als auch ihren Wissens-horizont mit neuen Kenntnissen erweitern oder eines Tages diese Technik unterrichten möchten.

Das SAMADEVA Institut ist die einzige Schule, die berechtigt ist, die Methode zu lehren und Zertifikate und Diplome auszustellen.

Dies gilt als Garantie für die Ernsthaftigkeit der Ausbildung und des Lehrers.

Das SΛMΛDEVΛ Institut organisiert Lehrgänge, Seminare, Wochenenden und Ausbildungskurse für die Methode des SΛMΛDEVΛ. Es hat die Aufgabe, finanzielle und verwaltungstechnische Fragen zu klären, sowie Einschreibungen und Reservierungen vorzunehmen. Das Institut entwickelt die Methode durch Forschungsarbeiten ständig weiter. Es unterstützt ebenfalls den Austausch zwischen den Studierenden, den Ausbildern und allen Anwendern.

Das SΛMΛDEVΛ Institut ermöglicht einen Ausbildungsweg, der aus Lehrgängen, Seminaren, Wochenenden, entsprechend dem von den Anwendern gewünschten Qualifikationsniveau besteht.

Die grundlegende Ausbildung richtet sich sowohl an Professionelle als auch an Amateure, die die Methode für sich selbst erlernen möchten.

Samadeva ist eine „Kunst zu leben", es ist eine psychische und physische Anwendung, eine Philosophie und eine Therapie. Man sagt, SΛMΛDEVΛ gäbe der Jugend die Weisheit des Alters und dem Alter das Geheimnis ewiger Jugend.

Alle Lehrgänge beinhalten die ursprünglichen und authentischen Übungen sowie die Forschung nach Gleichgewicht, Wohlbefinden und Gesundheit.

Die Philosophie SAMADEVA – der Mensch und das Universum

SAMADEVA ist sowohl eine Lebenskunst als auch eine Philosophie, die zu erklären versucht, warum es den Menschen gibt, welche Rolle er auf der Erde und im Universum inne hat.

Wer es wünscht, kann eine umfassende Sichtweise des Menschen über seine physischen und psychologischen Funktionsweisen hinaus erlangen. Außerdem kann man komplexe Kenntnisse über die Vorgänge der Erde, des Universums sowie der großen irdischen und universellen Gesetze erwerben, sowie über die verschiedenen Arten von Energien, über die verschiedenen Zentren im Menschen, über *Chakren, Lataïfs,* u.ä.

Ein zwischenmenschlicher Informationsaustausch wird gewünscht und auch unterstützt und dies im Rahmen größter Ehrlichkeit und gegenseitigem Respekt und Wohlwollen. Die professionelle Ausbildung unserer Lehrer sind die Garantie für die Qualität der Beziehungen innerhalb der einzelnen Teilnehmer.

Wir bieten auch Kurse in Firmen, Krankenhäusern, Schulen, usw. an. Voraussetzungen dafür sind eine Mindestanzahl von zehn Personen sowie geeignete Räumlichkeiten.

Unsere Mitarbeiter stehen jederzeit zu Ihrer Verfügung, um Ihnen die notwendigen Informationen zukommen zu lassen.

- **_Einführungskurse_**
  1 x 4 Tage bzw. 1 x 3 Tage
- ✔ **_Theorie_**
  Schulung in der „essentiellen Psychologie" des
  Samadeva mit Einblicken in die Lehre des Enneagramms
- ✔ **_Praxis_**
  Die 7 Hauptarkana + eine Serie spezieller Übungen +
  Entspannung + Meditation + Einführung in die
  wichtigsten Arkana

- **_Ausbildungszertifikat :_** Dauer zwischen 1 und 4 Jahren
  Fragen Sie nach unseren aktuellen Preisen.
  Weitere Informationen erhalten Sie unter folgenden Adressen:

Pour le Grand Duché du
Luxembourg
SAMADEVA Institut
Ennea Tess Griffith
15, rue de l'École
L 8466 Eischen
Tél/Fax : 26 48 12 91

Pour la France
L'Ecole de l'Ennéagramme
51, rue Carnot
74000 Annecy
Tél. : 04 50 45 94.99
Fax : 04 50 51 73 75
E-mail : enneagramme@fr.st
Site Internet : http://www. enneagramme.fr.st

Für Deutschland, Österreich, Schweiz
SAMADEVA Institut
i.V. Farren Bel Verlag
Postfach 10 09 42
66009 Saarbrücken
Tel: 0681/5959-269 - Fax: -268
email: farrenbel@gmx.de

Internet: www.samadeva-institut.com / www.samadeva.de

Die Grundarkana

Diese Übungen entstammen der „Wissenschaft der Bewegungen", so wie sie schon seit Jahrhunderten in einigen Bruderschaften der Derwische übermittelt wurden. Gemäß der Sufis führen diese Übungen zu einer Entfaltung sowohl der physischen als auch der emotionalen und intellektuellen Dimensionen. Sie führen zur Gesundheit, zum Gleichgewicht und zum inneren Frieden. SAMADEVA hat diese Übungen, insbesondere die Hauptarkana an die Menschen der heutigen Zeit angepasst.

Verschiedene Grundtechniken

des SAMADEVA

Meditative und dynamische Bewegungen

Diese Bewegungen sind uns von dem Derwisch-Scheich Pir Keijttep Ançari übermittelt worden und stammen aus den heiligen Tänzen des Morgenlandes. Einige Bewegungen gehören zum Tanz der wirbelnden Derwische aus Konja, andere sind noch langsamer als die Bewegungen im Tai Chi Chuan. Wieder andere werden so schnell und dynamisch ausgeübt wie manche moderne Tänze.

Stretching und Bio-Energie

„Stretching" ist eine moderne Form von Dehnübungen, die eine wirkliche Wohltat sowohl für Muskeln, Gelenke und Wirbelsäule darstellen. Sie dienen der Muskelentspannung und geben den Gelenken wieder ihre Elastizität zurück. Sie ermöglichen es der Lebensenergie im Körper frei zu zirkulieren. Dies führt zu einem Gefühl von Frische, man fühlt sich wohl.

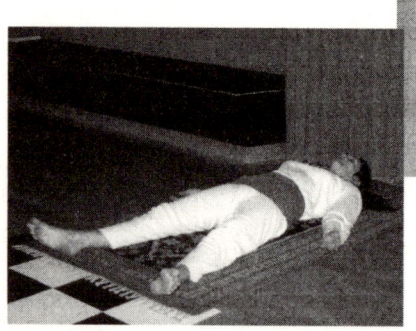

Entspannung

Durch den Stress und die Anspannungen der heutigen Zeit benötigt man Momente der Entspannung. Die Entspannungsübungen des SAMADEVA beruhen auf den modernen Errungenschaften des Autogenen Trainings sowie der *Sophrologie* und führen zu einer tiefen Entspannung, während der sich Körper und Geist durch die Befreiung der angesammelten negativen Vibrationen wieder regenerieren können. Sie lernen sich zu entspannen, loszulassen, werden im wahrsten Sinne aufgeladen mit positiver Energie und können dadurch Ihr Leben besser gestalten, Sie sind gewappnet, um alle möglichen Situationen des Lebens zu bewältigen.

Tai Chi Chuan und Qi Gong

Zwei chinesische Techniken, die als eine „Kunst der Bewegungen" angesehen werden. Aus einem bestimmten Blickwinkel heraus scheinen Tai Chi Chuan und Qi Gong eine Form von langsamer Gymnastik und langsame Art des Tanzes zu sein, in der jede Bewegung ihre Wichtigkeit hat. Sie sind jedoch auch wirkliche Meditationen, die in der Bewegung geschehen. Sie verbinden uns sowohl mit uns selbst als auch mit der Welt, die uns umgibt. Im Sinne der chinesischen Philosophie erschaffen sie eine Verbindung zwischen Himmel und Erde. In China nennt man sie auch „die Kunst des langen Lebens". Durch sie wird man seine Freude an der Bewegung, an der körperlichen Fitness und an der eigenen Ausgeglichenheit wieder entdecken.

Eurythmie

Die Eurythmie ist ebenfalls eine „Kunst der Bewegung und der Gestik". Sie ermöglicht in tiefster Weise die Beziehung zwischen Mensch und Kosmos zu fühlen. Zusätzlich ist die Eurythmie eine „Kunst des Bewusstseins", die es ermöglichen soll, die unsichtbare Welt mit ihren Gesetzen durch Gesten, Worte und Töne sichtbar zu machen, und dies geschieht durch die künstlerische Darstellung. Jede Geste der Eurythmie ist in Wirklichkeit voller Bedeutungen und entspricht einem spirituellen Archetyp. Sie gehört zu der „Kunst der Bewegungen", durch die der Mensch innerlich die Zusammengehörigkeit von Mensch und Universum fühlen kann.

Zen

Zen ist nach unserer Meinung die effizienteste Meditations-Methode. Heutzutage ist es möglich Zazen zu lernen ohne in ein weit entferntes japanisches Kloster zu reisen. Dank SAMADEVA können Sie lernen, Momente der vollkommenen Präsenz sich selbst und der Welt gegenüber zu erleben, sowie dieses ständige innere Geschwätz, das in Ihnen abläuft, zu stoppen.

Sie lernen die Ruhe zu finden, die Konzentration und Sie werden aufmerksamer anderen gegenüber. Fordern Sie unsere Informationen an.

Yoga

Das indische Yoga ist weltweit bekannt und ein Bestandteil unserer Kultur geworden. SAMADEVA benutzt manche Übungen (Asanas), die in vollkommener Weise mit unseren anderen Techniken harmonisieren.

In Indien wird Yoga als eine Wissenschaft und eine Gesundheitsmethode angesehen. Über die schon bekannten Stellungen hinaus legen wir besonderen Wert auf die dem Yoga entstammenden Atemtechniken (Pranayama).

SΛMΛDEVΛ & Psychologie

Die Psychologie, die mit dem SΛMΛDEVΛ zusammenhängt, ist vor allem praxisorientiert. Über die Kenntnis seiner selbst und der anderen hinaus soll sie jedem ermöglichen, ein ausgeglicheneres persönliches Leben im sozialen Umfeld, in der Familie und im Beruf zu führen. Die SΛMΛDEVΛ-Psychologie beruht auf den Kenntnissen des Enneagramms, einer sehr komplexen psychologischen Theorie, die heutzutage vielseitig in Therapien sowie in Firmen in Frankreich Anwendung findet.

Behandelte Themen:
- Der Weg der inneren Ruhe und der Harmonie mit den anderen
- Die wesentlichen psychologischen Prinzipien
- Die Praxis zum inneren Gleichgewicht
- Die wahren Gefühle
- Die Befreiung von den negativen Emotionen, die uns das Leben verderben
- Der Sinn der Liebe und des Lebens…

SΛMΛDEVΛ ist gleichzeitig eine Lebenskunst und eine Philosophie. Sie versucht zu erklären, warum der Mensch existiert und welche Rolle er zu erfüllen hat.

Wer es wünscht, kann eine umfassende Sichtweise des Menschen über seine physischen und psychologischen Funktionsweisen hinaus erlangen. Außerdem kann man komplexe Kenntnisse über die Vorgänge der Erde, des Universums und der großen irdischen und universellen Gesetze erwerben, sowie über die verschiedenen Arten von Energien, über die verschiedenen Zentren im Menschen, über Chakren, Lataïfs, u.ä.

Video

VHS-Lehrfilm zum Buch
ISBN: 3-935312-10-5
Die 7 Grundübungen (Arkana) des Samadeva, einfach zu lernen und für jedes Alter geeignet. Sie stärken den Körper, indem sie ihm eine neue Energie geben und dabei gleichzeitig entspannen.

VHS-Dokumentation
Art.-Nr.: FBV-VD-001
Aufführung anlässlich einer Benefiz-Gala. Erleben Sie die Schönheit von Bewegung, Tanz und Gesang. Gezeigt wird die Geschichte der Königin von Saba. Der Film bietet einen tiefen Einblick in das Samadeva.

VHS-Lehrfilme zum Buch Teil 1 und Teil 2
ISBN: 3-935312-14-8
ISBN: 3-935312-15-6
In diesen Lehrfilmen werden weitere, bisher noch unveröffentlichte Arkana gezeigt. Alle Übungen werden von einer jeweils speziellen Musik begleitet, eine Besonderheit des Samadeva.

VHS-Dokumentation
Art.-Nr.: FBV-VD-002
Präsentation der verschiedensten Samadevabewegungen während einer Aufführung in Aix-les-Bains. Erklärt wird auch der heilende Aspekt. Unser schönster Film.

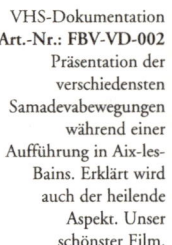

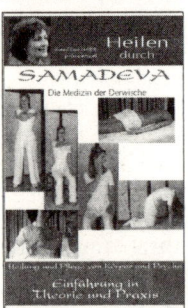

VHS-Lehrfilm Heilung
ISBN: 3-935312-19-9
Audio-visuelle Einführung in die Theorie und die Praxis der «Medizin der Derwische» des Samadeva.

VHS-Lehrfilm Heilung
ISBN: 3-935312-20-2
Spezielle Techniken der Derwische zur sanften Gelenkeinrenkung.

VHS-Lehrfilm zum Buch
ISBN: 3-935312-11-3
Alle Bewegungen werden einzeln und in Folge detailliert aufgeführt. Der Film ist vollständig kommentiert. Im Anhang findet man außerdem Ausschnitte aus einer Samadeva-vorführung.

VHS-Dokumentation
Art.-Nr.: FBV-VD-003
Dokumentarischer Informationsfilm über die Samadeva-Methode Sehr interessant auch für Interessenten der Seminare.

Video + Bücher

VHS-Lehrfilm Praxis
ISBN: 3-935312-18-0
Anleitung für den
genauen Ablauf einer
Musterstunde des
SAMADEVA: Ruhe,
Aufwärmen,
Dehnungen, Arkana,
Derwischübungen...

VHS-Lehrfilm Praxis
ISBN: 3-935312-21-0
Die speziellen Massage-
techniken des
SAMADEVA

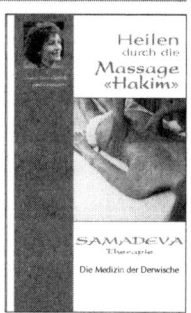

VHS-Lehrfilm für
professionelle Anwender
ISBN: 3-935312-16-4
Die therapeutischen
Anwendungen des
SAMADEVA werden
ausführlich gezeigt und
erklärt. Es handelt sich
um die alte Medizin der
Derwische, die mit Hilfe
spezieller Übungen die
Menschen heilten.

VHS-Lehrfilm Praxis
ISBN: 3-935312-20-2
Spezielle Techniken zur
sanften Gelenk-
einrenkung

VHS-Lehrfilm Praxis
Art.-Nr.: FBV-VD-005
Alle Bewegungen des
Tai-Chi-Chuan in
fließender Abfolge,
gezeigt von einer
diplomierten Lehrerin
der «Fédération
Française de Tai Chi
Chuan» unter der
Leitung von James
Kou. Kommentiert.

Buch für die Praxis
ISBN: 3-935312-26-1
Methoden und Geheim-
nisse eines Sufi-Meisters
zur körperlichen und
geistigen Heilung. Die
Heilkraft dieser
Bewegungen entstammt
einer alten Einweihungs-
schule, und bis heute
haben diese Bewegungen
nichts von ihrer Kraft
eingebüßt.

Buch für die Praxis
ISBN: 3-935312-26-1
In diesem Werk findet
man weitere, bisher noch
unveröffentlichte Basis-
Arkana. Zahlreiche
Abbildungen helfen
beim Erlernen der
Übungen.
Ein umfassendes
Gesamtwerk.

Buch für die Praxis
ISBN: 3-935312-00-8
SAMADEVA enthält
u.a. die Archetypen
vieler Bewegungen, aus
denen bekannte Körper-
methoden wie Yoga, Qi-
Gong oder Tai Chi
Chuan entstanden sind.
Diese Urformen wurden
immer vom Meister zum
Schüler übertragen.

Übungsmusik — Gesang — CD's

CD mit Übungsmusik zum Buch Samadeva
ISBN: 3-935312-12-1
Spezielle Übungsmusik für jeden Tag in der Woche.
10 min. tägliches Üben der Grundarkana reichen aus. Auf dieser CD: 7 Musikstücke speziell für jeden Tag in der Woche komponiert, jeweilige Dauer: ca. 10 min.

CD mit Übungsmusik zum Buch „die Heilenden Bewegungen"
ISBN: 3-935312-13-X
Erleben Sie die Faszination von Flöten und Trommeln. Auch als Hintergrundmusik für Ihre Entspannungsübungen sehr gut geeignet.

CD mit Gesang
Art.-Nr.: FBV-CD-004
Zu moderner Musik singt Ennea Tess Griffith wunderschöne philosophische Texte von Idris Lahore.
ca. 70 min.

CD-Meditation
Art.-Nr.: FBV-CD-008
Die Krönung aller Meditationen: Mit einem speziellen Text auf deutsch werden Sie in Ihr tiefstes Inneres geführt.

CD mit Gesang
Art.-Nr.: FBV-CD-005
Zu klassischen Melodien singt Ennea Tess Griffith philosophische Texte über Freiheit und Liebe.

CD mit Übungsmusik
Art.-Nr.: FBV-CD-009
Sufi-Musik für die Übungen des SAMADEVA oder einfach nur zum Genießen

CD mit Übungsmusik
Art.-Nr.: FBV-CD-007
Übungsmusik auf englisch für rhythmische Übungen des SAMADEVA, inkl. Instrumentalversion.
Maxi-CD

CD mit Gesang
Art.-Nr.: FBV-CD-006
Nach dem großen Erfolg von Griffith „Freiheit der Liebe" hier nun der zweite Teil: „Die Welt der Liebe".

Weitere Produkte vom Farren Bel Verlag

Die heilenden Verse
ISBN: 3-935312-17-5
Die großen Therapeuten vergangener Zeiten wussten noch um die Wirkungsweise der Worte auf Körper, Geist und Seele und erschufen besondere Heilungstechniken, wie sie in diesem Buch vorgestellt werden.

Geschichten zur Erleuchtung
ISBN: 3-935312-01-6
Die 33 Weisheiten des Tao, 46 Lehrgeschichten und ein Märchen aus China machen aus diesem Werk nicht nur ein einzigartiges Lehrbuch, sondern auch eine wunderschöne Geschenkidee.

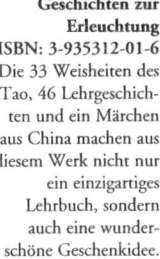

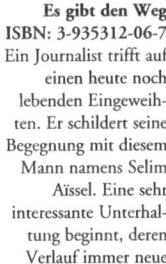

Ihre Suche beginnt hier
ISBN: 3-935312-03-2
Dieses Buch enthält Vorträge zu folgenden Themen: Leben nach dem Tod, Reinkarnation, Kosmologie, Sinn des Lebens, Selbstbeobachtung, Selbsterinnerung, Geistesschulen, Meister, Eingeweihte.

Es gibt den Weg
ISBN: 3-935312-06-7
Ein Journalist trifft auf einen heute noch lebenden Eingeweihten. Er schildert seine Begegnung mit diesem Mann namens Selim Aïssel. Eine sehr interessante Unterhaltung beginnt, deren Verlauf immer neue Themen aufwirft.

Spirituelle Psychologie 1
ISBN: 3-935312-04-0
UNSER KLASSIKER:
Die Grundlagen eines „Einweihungsweges" werden ausführlich und anhand zahlreicher Beispiele erklärt. Auch Themen wie Reinkarnation, Karma, u.a. kommen zur Sprache.

Spirituelle Psychologie 2
ISBN: 3-935312-05-9
Die Praxis eines Selbsterkenntnispfades. Dieses Werk ist ein Ratgeber für alle Wahrheitssucher, die sich auf einen Weg der Selbsterkenntnis begeben möchten. Sehr hilfreich auch für die Toleranz gegenüber anderen.

Beginne zu leben
ISBN: 3-935312-08-3
Gefangen in anerzogenen Konditionierungen und reaktiven Verhaltensweisen hat sich der Mensch auf Erden sein eigenes Gefängnis erschaffen. Alle spirituellen Richtungen appellierten schon immer, endlich zu erwachen. Selim Aïssel skizziert einen Weg, der dies ermöglicht.

Die Essentielle Psychologie 1
ISBN: 3-935312-22-9
Die 5 Antriebskräfte des Menschen, die sog. Hauptcharakterzüge, werden ausführlich erklärt. Ihre Entdeckung ist notwendig, um sich von anerzogenen Konditionierungen befreien zu können.

Notizen:

Notizen:

Notizen:

Notizen:

Notizen:

Notizen:

Achevé d'imprimer en janvier 2003
sur les presses de l'Imprimerie
SAGIM•CANALE à Courtry (France)

Dépôt légal : 01/03
N° d'impression : 6348